Dr. Paul A. Gartmaier, Dr. Peter Ziegner

Vorbereitung auf die Abschlussprüfung

Medizinische Fachangestellte

372 programmierte und ungebundene Übungsaufgaben zu Behandlungsassistenz
7 praktische Fälle zur Kassenabrechnung

1. Auflage

Bestellnummer 86600

Bildungsverlag EINS

Haben Sie Anregungen oder Kritikpunkte zu diesem Produkt?
Dann senden Sie eine E-Mail an 86600_001@bv-1.de.
Autoren und Verlag freuen sich auf Ihre Rückmeldung.

www.bildungsverlag1.de

Bildungsverlag EINS GmbH
Sieglarer Straße 2, 53842 Troisdorf

ISBN 978-3-427-**86600**-8

Vorwort

Mithilfe dieses Trainingsprogramms bereiten Sie sich gründlich und konsequent auf Ihre Abschlussprüfung zum/zur Medizinischen Fachangestellten vor. *Normtest Medizinische Fachangestellte* ist wie folgt konzipiert:

- ▶ Die Broschüre beinhaltet 372 gebundene und ungebundene Aufgaben.
- ▶ Sieben praktische Fälle zur Kassenabrechnung runden diese Vorbereitungshilfe für Ihre Prüfung ab.
- ▶ Das ausführliche Sachwortverzeichnis ermöglicht das schnelle Auffinden von Aufgaben zu den einzelnen Themen.
- ▶ Begleitend zum Trainingsprogramm lesen Sie in den Tipps zur Prüfungsvorbereitung, wie Sie es durch gute Planung schaffen, gelassen in die Prüfung zu gehen.

Die Aufgaben wurden von Ärzten und Berufsschullehrern mit Unterrichts- und Prüfungserfahrung erstellt. *Normtest Medizinische Fachangestellte* berücksichtigt alle Aufgabentypen, die Ihnen in Ihrer Abschlussprüfung begegnen können.

- ▶ Anhand von gebundenen bzw. programmierten Aufgaben testen Sie Ihr Wissen in Mehrfachwahl-, Reihenfolge-, Zuordnungsaufgaben und Aussagekombinationen.
- ▶ Die ungebundenen Aufgaben erwarten von Ihnen, dass Sie die erlernten Sachverhalte kurz mit Ihren eigenen Worten wiedergeben. Sie fördern somit sowohl Ihre Flexibilität als auch Ihre Handlungskompetenz.

Aktuelle Änderungen zum Thema Gebührenordnung finden Sie in unserer Rubrik **Buchplus** unter dem Menüpunkt Wirtschaft/Verwaltung auf unserer Homepage: www.bildungsverlag1.de.

Wir wünschen Ihnen viel Erfolg bei Ihrer Prüfung!

Inhaltsverzeichnis

Wichtige Tipps zur Prüfungsvorbereitung

Sie nähern sich mit Riesenschritten dem Abschluss Ihrer Ausbildung. Nun kommt es für Sie entscheidend darauf an, sich selbst (und anderen) mit einem guten Abschlusszertifikat zu beweisen, dass Sie Ihre Ausbildungszeit optimal genutzt haben. Unsere Tipps wollen Sie dabei unterstützen!

Sie legen eine schriftliche und eine mündliche bzw. praktische Prüfung ab. Die Prüfungsgebiete kennen Sie aus der Ausbildungsordnung Ihres Berufes. Machen Sie sich zunächst einmal den Sinn der beiden Prüfungsteile klar, denn beide verfolgen unterschiedliche Zielsetzungen. Die schriftliche Prüfung dokumentiert den Erfolg Ihrer Ausbildungszeit, also eines abgelaufenen Zeitabschnittes. Die praktische Prüfung mit der situationsorientierten Aufgabe soll Rückschlüsse auf Ihr zukünftiges Verhalten als Fachkraft zulassen.

Wie plane ich meine Prüfungsvorbereitung?

Wenn Sie sicher in die Prüfung gehen wollen, ist das Wichtigste, dass Sie Ihr Selbstbewusstsein stärken. Das können Sie nur durch gezielte, auf Sie zugeschnittene Eigenarbeit schaffen, deren Erfolg Sie selbst kontrollieren (und durch Fremdkontrolle absichern).

Zur gezielten Arbeit gehört eine durchdachte Planung. Planen sollten Sie zunächst einmal das Schaffen von räumlichen, zeitlichen und körperlich-seelischen Voraussetzungen. Sie erreichen wenig, wenn die Rahmenbedingungen nicht stimmen.

Sie brauchen demnach einen ständigen und so weit wie möglich störungsfreien Arbeitsplatz im Betrieb wie auch zuhause, mit richtigem Lichteinfall und stimmiger Raumtemperatur.

Gemessen am durchschnittlichen Leistungsvermögen bringt die Lernzeit zwischen 07:00 und 11:00 Uhr bis zu 50 Prozent erhöhte Leistungsfähigkeit, zwischen 17:00 und 21:00 Uhr bis zu 25 Prozent. Kurze Pausen von etwa 5 bis 10 Minuten haben den besten Erholungswert und sollten spätestens nach 30 bis 40 Minuten eingelegt werden, da dann die Konzentrationsfähigkeit nachlässt.

Neben der Beachtung Ihres Biorhythmus und ausreichend Schlaf sollten innerhalb einer Woche feste Zeiten für die Vorbereitung reserviert bleiben. Das erleichtert die Einstellung zum Lernen. Für die Zielbestimmung selbst orientiert man sich besser an Lerninhalten, nicht an Lernzeiten. Wer sich an der Zeit misst, schaut öfter auf die Uhr; wer ein inhaltliches Ziel verfolgt, arbeitet in aller Regel mit größerer Konzentration.

Wie führe ich meine Prüfungsvorbereitung durch?

Stellen sie zunächst fest, wo Ihre persönlichen Schwachpunkte liegen. Überprüfen Sie Ihren Leistungsstand vor Beginn der Prüfungsvorbereitung anhand Ihrer schulischen Leistungen oder zusammen mit Ihrem Ausbilder. Die Prüfungsanforderungen erfahren Sie in der Schule oder von Ihrem Ausbilder.

Eine der wichtigsten Voraussetzungen des Lernerfolgs ist das Strukturieren des Lernstoffes. Hier empfiehlt es sich, mit der gehirngerechten „Mindmap-Technik" zu arbeiten. Dieser Technik liegt eine Baumstruktur zugrunde: Das zu bearbeitende Thema wird in den Mittelpunkt gestellt (es bildet den Stamm); die einzelnen Aspekte des Themas werden als Äste und Zweige dem Stamm zugeordnet. So entsteht eine breit gefächerte übersichtliche Struktur der verschiedenen Gedanken/Aspekte eines Themas, die sich leichter einprägt.

Gliedern Sie die Lernziele (die einzelnen Sachthemen), die Sie sich erarbeiten wollen, in überprüfbare Feinlernziele (möglichst in kleinen Häppchen). Wechseln Sie die Lernbereiche: Vier Wochen Rechnungswesen hält niemand durch.

Wenn Sie „nach Buch" lernen, unterstreichen Sie Wichtiges. Das ist aber nur sinnvoll, wenn Sie so wenig wie möglich markieren. Ein Text mit vielen Unterstreichungen ist genauso unübersichtlich wie ein Text ohne Hervorhebungen. Als Richtschnur kann gelten: nur die Begriffe markieren, die Sie auf einen Spickzettel schreiben würden (der dann überflüssig ist). Alle unterstrichenen Begriffe oder Zusammenhänge sollten Sie mit eigenen Worten erklären können, das verschafft Sicherheit und Überblick.

Den so aufbereiteten und erarbeiteten Lernstoff sollten Sie nach etwa einer Woche wiederholen; dauerhaftes Speichern ist nur durch Wiederholung gegeben. In Ihre Zeitplanung müssen also regelmäßige Wiederholungsphasen eingebaut werden.

Wie kontrolliere ich den Erfolg meiner Prüfungsvorbereitung?

Natürlich anhand dieser Normtest-Broschüre! Aber im letzten Drittel Ihrer Vorbereitungsphase sollten Sie noch zusätzlich die letzten drei vollständigen Originalprüfungssätze unter Prüfungsbedingungen bearbeiten. Die in der

Prüfung vorgegebene Bearbeitungsdauer sollten Sie dabei um 10 bis 15 Prozent kürzen. Überprüfen Sie, wie viel Aufgaben Sie nicht richtig bearbeitet haben. So erkennen Sie selbst, bei welchen Inhalten Sie noch Schwächen haben.

Wie bestehe ich die mündliche/praktische Prüfung mit Erfolg?

Diese Prüfung verlangt von Ihnen, sich selbst darzustellen. Zum Gelingen dieser Selbstdarstellung gehört neben dem Fachlichen das „Sich-im-Griff-Haben“. Bewertet wird nicht nur das Was (die Inhalte), sondern auch das Wie (die Präsentation). Sie stehen dabei sozusagen im Rampenlicht; Selbstdarstellung ist auch lernbar!

Bei den meisten kaufmännischen Abschlussprüfungen erhält der Prüfling zwei bis drei „praktische Situationen“ zur Wahl. Auf die gewählte Situation können Sie sich in 15 Minuten einstimmen, vorbereiten. Im anschließenden Gespräch sollen Sie in ebenfalls 15 Minuten zeigen, dass Sie sich in der vorgegebenen Situation als Fachkraft bewähren. Proben Sie mit Kollegen im Rollenspiel!

Viele empfinden die mündliche Prüfung unangenehmer als die vorangegangene schriftliche. Wie kann man diesem Gefühl entgegenwirken?

- Respektieren Sie die Position des Prüfungsausschusses, der ja Ihre Leistung zu bewerten hat.
- Akzeptieren Sie, dass Sie in einer solchen Situation unter „Anspannung“ stehen; dies ist völlig normal.
- Argumentieren Sie mit anschaulichen Beispielen (z. B. aus dem eigenen Betrieb), das baut Unsicherheiten ab!
- Fragen Sie zurück, wenn Sie etwas nicht verstanden haben. Sie gewinnen dadurch nicht nur Zeit zum Überlegen, sondern oftmals versucht der Prüfer dann, die Frage verständlicher zu formulieren.

Wenn Sie sich diese Tipps zueigen machen, werden Sie die Prüfung bestimmt bestens bestehen. Wir wünschen Ihnen dazu viel Erfolg!

Musteraufgaben

Mehrfachwahlaufgabe

Wie nennt man die Erhebung der Krankengeschichte?

1. Perkussion
2. Anamnese
3. Auskultation
4. Palpation
5. Osteosynthese
6. Psychose

► 2

Zuordnungsaufgabe

Ordnen Sie den angeführten Sterilisierverfahren ihre Anwendungsbereiche bzw. Kennzeichen zu, indem Sie die jeweilige Kennziffer in das zugehörige Kästchen eintragen.

1. Heißluftsterilisation
2. Strahlensterilisation
3. Dampfsterilisation

Industrielle Anwendung für Einmalartikel	2
Sterilisiertemperatur 180 °–200 °C	1
Druckerhöhung bei steigender Temperatur	3
Sterilisiertemperatur 121 °–134 °C	3
Nicht geeignet für Gummiwaren	1

Ungebundene (konventionelle) Aufgabe

Welche Merkmale weisen einen bösartigen Tumor aus?

a. *Infiltrierendes, rasches Wachstum*

b. *Nicht abgegrenzt*

c. *Enthält atypische Zellen*

d. *Metastasenbildung*

Aussagekombinationen

Welche Aussagen zum Harnapparat treffen zu? Wählen Sie bitte die richtige Kombination aus.

a) Auf den oberen Polen der Nieren sitzen die Nebennieren.
b) In der Nierenrinde befinden sich die Nierenkörperchen.
c) Im Nierenmark wird der Primärharn gebildet.
d) Die Harnmenge ist von der getrunkenen Flüssigkeitsmenge abhängig.
e) Kreatinin gehört zu den harnpflichtigen Substanzen.

Kombination:

1. a – b – d
2. a – b – d – e
3. a – c – d
4. b – c – d – e
5. a – b – c – d – e

► 2

Lernfeld 1: Im Beruf und Gesundheitswesen orientieren

1. Aufgabe

Für welche der angeführten Aufgaben ist das Gesundheitsamt zuständig?

1. Sportärztliche Untersuchungen
2. Arbeitsmedizinische Untersuchungen
3. Jugendgesundheitsuntersuchung
4. Schulgesundheitspflege
5. Musterung von Wehrpflichtigen

▶ 4

---

2. Aufgabe

Welche Aussagen passen nicht zum Begriff „Ambulante medizinische Versorgung der Bevölkerung“?

1. Versorgung der Bevölkerung durch Ärzte in freier Niederlassung
2. Versorgung der Bevölkerung durch angestellte und beamtete Ärzte
3. Betreuung in stationären Einrichtungen
4. Abrechnung der Leistungen über KV
5. Abrechnung über Privatliquidation

▶ 3

▶ 5

---

3. Aufgabe

In welchen der angeführten ärztlichen Verbände ist ein niedergelassener Kassenarzt (Vertragsarzt) Pflichtmitglied?

1. Ärztekammer
2. Verband der Allgemeinärzte
3. Hartmannbund
4. Kassenärztliche Vereinigung
5. Marburger Bund
6. Verband der niedergelassenen Ärzte

▶ 1

▶ 4

---

4. Aufgabe

Für welche der angeführten Aufgaben sind die Berufsgenossenschaften zuständig?

1. Ambulante Versorgung der Bevölkerung
2. Stationäre Versorgung der Bevölkerung
3. Arbeitslosenversicherung
4. Rentenversicherung
5. Gesetzliche Unfallversicherung

▶ 5

---

5. Aufgabe

Welche der angeführten Bezeichnungen ist eine Zusatzbezeichnung?

1. Neurologie
2. Orthopädie
3. Arbeitsmedizin
4. Homöopathie
5. Psychiatrie
6. Urologie

▶ 3

---

6. Aufgabe

Welche der folgenden Aussagen trifft nicht zu?

1. Die Approbation berechtigt zur selbstständigen Ausübung des ärztlichen Berufes.
2. Die Promotion ist Voraussetzung für das Erlangen der Approbation.
3. Kardiologie ist eine Schwerpunktbezeichnung der Inneren Medizin.
4. Allgemeinmedizin ist eine Facharztbezeichnung.
5. Sportmedizin ist eine Zusatzbezeichnung.

▶ 2

7. Aufgabe

Wofür steht die Abkürzung WHO?

1. Welthungerorganisation
2. World Health Organization
3. Westdeutsche Handwerkerorganisation
4. woman health organization
5. Weltverband der Heil- und Hilfsberufeorganisationen

▶ 2

8. Aufgabe

Ordnen Sie den angeführten Institutionen ihre Aufgaben zu. Tragen Sie die entsprechende Kennziffer in das zutreffende Feld ein.

1. Landesärztekammer
2. Kassenärztliche Vereinigung
3. Bundesinstitut für Arzneimittel und Medizinprodukte
4. Gewerbeaufsichtsamt
5. Berufsgenossenschaften
6. Freie Wohlfahrtsverbände
7. Gesundheitsamt

Überwachung der ärztlichen Berufspflichten	1
Sicherstellung der ambulanten ärztlichen Versorgung	2
Organisation und Durchführung öffentlicher Impfungen	7
Aufsicht beim Verkehr mit Betäubungs- und Arzneimitteln	3

9. Aufgabe

Welche Aussagen treffen auf eine Gemeinschaftspraxis zu? Wählen Sie die richtige Kombination aus.

a) Die Patienten können von jedem beteiligten Arzt behandelt werden.
b) Jeder beteiligte Arzt behandelt nur seine eigenen Patienten.
c) Die Praxis wird gemeinsam geführt, die Abrechnung gemeinsam erstellt (eine KV-Nummer).
d) Praxis und Abrechnung sind getrennt.
e) Personal wird gemeinsam beschäftigt, Einrichtung und Geräte werden gemeinsam genutzt.
f) Jeder Arzt hat eine eigene KV-Nummer.

Kombination:

1. a – c – e
2. a – d – f
3. b – d – e
4. b – d
5. d – e

▶ 1

10. Aufgabe

Welche Tätigkeit übt der Logopäde aus?

1. Übungsbehandlung im Rahmen der orthopädischen Rehabilitation
2. Übungsbehandlung bei Stimm- und Sprachstörungen
3. Mithilfe in der medizinischen Datenverarbeitung
4. Hilfstätigkeit in der physikalischen Therapie
5. Beratung in Fragen der Resozialisierung von jugendlichen Straftätern

▶ 2

11. Aufgabe

Nennen Sie zwei therapeutisch-rehabilitative Berufe.

a. Krankengymnast

b. Logopäde

12. Aufgabe

Nennen Sie zwei Tätigkeiten, die der Heilpraktiker im Gegensatz zum Arzt <u>nicht</u> ausüben darf.

a. Impfen

b. Operieren

13. Aufgabe

Nennen Sie die drei Leistungsträger der medizinischen Rehabilitation.

a. Krankenkassen

b. Berufsgenossenschaften

c.

Lernfeld 3: Praxishygiene und Schutz vor Infektionskrankheiten organisieren

14. Aufgabe

Ordnen Sie richtig zu, indem Sie die Kennziffer der zutreffenden deutschen Benennung in das entsprechende Kästchen bei den Fachausdrücken eintragen.

1. Lehre vom Bau des Körpers
2. Gewebelehre
3. Zelllehre
4. Entwicklungsgeschichte
5. Lehre von der Funktion des Körpers
6. Lehre von den chemischen Vorgängen im Körper

Histologie	2
Zytologie	3
Physiologie	5

15. Aufgabe

Welche der aufgeführten Bestandteile einer Zelle zählen zum Zytoplasma? Wählen Sie die richtige Kombination aus.

a) Mitochondrien
b) Chromosomen
c) Endoplasmatisches Retikulum
d) Lysosomen
e) Golgi-Apparat

Kombination:

1. a – b – c
2. a – b – c – d
3. a – c – d – e
4. a – d – e
5. b – c – d

▶ 3

16. Aufgabe

Wie viele Chromosomen hat eine normale menschliche Zelle (z. B. Leberzelle)?

1. 2
2. 21
3. 22
4. 23
5. 44
6. 46

▶ 6

17. Aufgabe

Ordnen Sie richtig zu, indem Sie die Kennziffer der zutreffenden Aussage in das Kästchen bei dem entsprechenden Zellbestandteil eintragen.

1. Träger der Erbinformation
2. Röhrensystem in der Zelle
3. Ort der inneren Atmung („Energiezentrum")
4. Eiweißsynthese
5. Aufgaben bei der Zellteilung
6. Kontraktile Strukturen in Muskelzellen

Endoplasmatisches Retikulum	5
Mitochondrien	3
Myofibrillen	6
Zentralkörperchen (Zentriol)	1

18. Aufgabe

Eine normale menschliche Körperzelle (z. B. eine Zelle der Epidermis) teilt sich.
Wie nennt man diesen Vorgang?

1. Mitose
2. Distorsion
3. Meiose
4. Restitution
5. Reduplikation

► 1

19. Aufgabe

Wo findet sich Flimmerepithel?

1. Magenschleimhaut
2. Kniegelenk
3. Bronchien
4. Eileiter
5. Gallenblase
6. Urethra

► 3

► 1

20. Aufgabe

Welches der angeführten Gewebe zählt nicht zum Binde-Stützgewebe?

1. Knorpelgewebe
2. Knochengewebe
3. Muskelgewebe
4. Lockeres Bindegewebe
5. Fettgewebe

► 1

21. Aufgabe

Welche Körperzellen besitzen keinen Zellkern?

1. Muskelzellen
2. Reife Leukozyten
3. Epithelzellen
4. Nervenzellen
5. Reife Erythrozyten
6. Reife Lymphozyten

► 5

22. Aufgabe

Wie bezeichnet man den Fressvorgang einer Zelle?

1. Kontamination
2. Meiose
3. Phagozytose
4. Inkubation
5. Symbiose

► 3

23. Aufgabe

Wie nennt man die Reduktionsteilung, die Ei- und Samenzellen durchführen?

Meiose

---

24. Aufgabe

Welche der folgenden Aussagen trifft zu?

a) Sporenpäckchen verwendet man zur Überprüfung von Sterilisierapparaten.
b) Mit einem Antibiogramm lässt sich die Antibiotikaresistenz von Bakterien bestimmen.
c) Toxoid-Impfstoffe finden bei der Impfung gegen Viruserkrankungen Verwendung.
d) Liegt bei einem Patienten eine HIV-Infektion vor, ist eine namentliche Meldung an das Gesundheitsamt erforderlich.
e) Obligat pathogene Mikroorganismen machen nur in seltenen Fällen krank.

Kombination:

1. a – b – d
2. a – b
3. b – c – d
4. c – d – e
5. d – e

► 2

---

25. Aufgabe

Wie lange muss ein Flüssigkeitsthermometer bei der Rektalmessung eines Erwachsenen mindestens eingeführt bleiben?

1. 10 Minuten
2. 15 Minuten
3. 60 Sekunden
4. 3 Minuten
5. 15 Sekunden
6. 30 Sekunden

► 4

---

26. Aufgabe

Durch welche fünf Symptome ist eine Entzündung gekennzeichnet? Führen Sie die deutsche und lateinische Bezeichnung an.

a. Rötung
b. Schwellung
c. Überwärmung
d. Schmerz
e.

---

27. Aufgabe

Welche Aussage bzgl. der Körpertemperatur trifft nicht zu?

1. Bei einer Erhöhung der Körpertemperatur nimmt die Aktivität der Abwehrzellen ab.
2. Bei einer Körpertemperatur von mehr als 39 Grad spricht man von hohem Fieber.
3. Bei Frauen steigt die Körpertemperatur nach dem Eisprung um ca. 0,5 Grad.
4. Die axillare Temperatur ist niedriger als die rektale.
5. Die Körpertemperatur ist im Normalfall am späten Nachmittag am höchsten.

► 1

---

28. Aufgabe

Wie lassen sich Viren nachweisen?

1. Anfärbung
2. Antigen – Antikörperreaktion
3. Kultur in lebendem Gewebe
4. Kultur auf geeigneten Nährböden
5. Durch Prüfen von virusspezifischen Stoffwechselleistungen

▶ 2

▶ 5

---

29. Aufgabe

Was bedeutet der Begriff „Inkubationszeit“?

1. Die Sterilisationszeit in einem Heißluftsterilisator
2. Die Zeit bis zum Erreichen der Sterilisationstemperatur
3. Die Zeit, in der eine Luftröhrenkanüle liegt
4. Die Zeit zwischen der Ansteckung und dem Ausbruch einer Erkrankung
5. Die Zeit, in der ein Körper immun gegen Ansteckungen ist
6. Die Zeit zwischen dem Ausbruch einer Erkrankung und dem Übergang in ein chronisches Stadium

▶ 4

---

30. Aufgabe

Welchen Vorteil hat eine „Aktive Schutzimpfung“ gegenüber der „Passiven Schutzimpfung“?

1. Sofortiger Wirkungseintritt
2. Anregung der Hormonbildung
3. Einsparung der Antikörperbildung
4. Langanhaltender Schutz
5. Nur eine Injektion

▶ 4

---

31. Aufgabe

Was versteht man unter „Immunität“?

1. Eine Zufuhr von Antigenen zur Infektionsverhütung
2. Eine mangelnde Abwehrreaktion gegen eingedrungene Keime
3. Eine fehlende Antikörperbildung
4. Eine Überempfindlichkeitsreaktion
5. Es liegen genügend Antikörper vor, um den Ausbruch einer Infektionskrankheit zu verhindern
6. Eine Keimfreimachung

▶ 5

---

32. Aufgabe

Was bedeutet das Wort „Mykose“ auf deutsch?

1. Muskelschwund
2. Muskelverhärtung
3. Zellgewebseiterung
4. Chronische Muskelerkrankung
5. Kurzsichtigkeit
6. Pilzerkrankung

▶ 6

---

33. Aufgabe

Ordnen Sie richtig zu, indem Sie die zutreffende Kennziffer der linken Spalte in das entsprechende Kästchen rechts eintragen.

Fachwort

1. Infektion
2. Virulenz
3. Sepsis
4. Disposition
5. Immunität
6. Kontagiosität
7. Resistenz

Deutsche Erklärung	
Krankheitsanfälligkeit	4
Es liegen ausreichend Antikörper vor, um das Auftreten einer Erkrankung zu verhindern.	5
Grad der Gefährlichkeit eines Krankheitserregers	2

34. Aufgabe

Welche Flüssigkeit kommt als Hautdesinfektionsmittel zur Anwendung?

1. Äthylenoxid
2. Physiologische Kochsalzlösung
3. Xylocain
4. Wundbenzin
5. Türksche Lösung
6. Alkohol 70 %ig

▶ ☐

35. Aufgabe

Welche Formen von Krankheitserregern sind besonders hitzeresistent?

1. Protozoen
2. Bakteriensporen
3. Wurmeier
4. AIDS-Viren
5. Gonokokken

▶ ☐

36. Aufgabe

Was stellt die nebenstehende Abbildung dar?

1. Einen Autoklaven
2. Einen Elektrokardiographen
3. Einen Brutschrank
4. Einen Instrumentenkocher
5. Einen Heißluftsterilisator
6. Eine Kühlbox

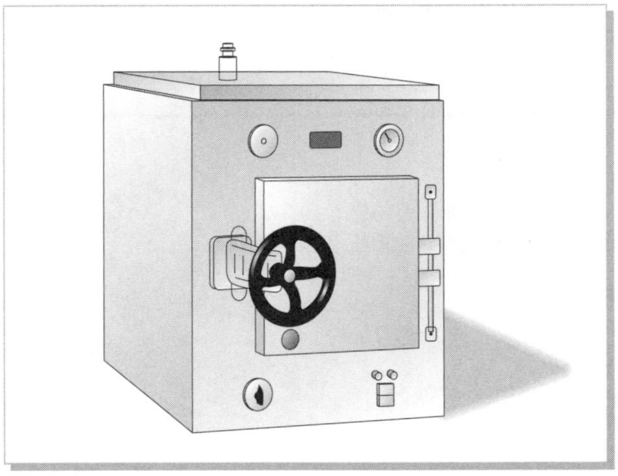

▶ ☐

37. Aufgabe

Welche Gegenstände und Materialien sollen in einem Heißluftsterilisator nicht sterilisiert werden? Wählen Sie bitte die richtige Kombination aus.

a) Glaswaren
b) Metallinstrumente
c) Verbandstoffe
d) Gummi- und Kunststoffartikel
e) Flüssigkeiten
f) OP-Wäsche

Kombination:

1. a – c – d – f
2. a – c – e
3. a – c – f
4. b – c – d – e
5. c – d – e – f

▶ ☐

38. Aufgabe

Ordnen Sie den angeführten Sterilisierverfahren ihre Anwendungsbereiche bzw. Kennzeichen zu, indem Sie die jeweilige Kennziffer in das zugehörige Kästchen eintragen.

1. Heißluftsterilisation
2. Strahlensterilisation
3. Dampfsterilisation

Sterilisiertemperatur 180 °–200 °C	☐
Nicht geeignet für Gummiwaren	☐
Industrielle Anwendung für Einmalartikel	☐
Druckerhöhung bei steigender Temperatur	☐
Sterilisiertemperatur 121 °–134 °C	☐

39. Aufgabe

Die berufsgenossenschaftlichen Vorschriften machen das Erstellen eines Hygieneplans zur Pflicht. Welche der in einer Praxis tätigen Personen betrifft der Hygieneplan? Wählen Sie bitte die richtige Kombination aus.

a) Ärzte
b) Medizinische Fachangestellte
c) Medizinisch technische Assistentin (MTA)
d) Röntgenpersonal
e) Reinigungspersonal

Kombination:

1. a – b – c – d
2. a – b – c – d – e
3. a – b – d – e
4. b – c – d
5. b – c – d – e

▶ ☐

40. Aufgabe

Welche Aussage zu Gefahrstoffen trifft nicht zu?

1. Die Gefahrensymbole auf Gefahrstoffen sind rechteckig und besitzen eine gelbschwarze Farbe.
2. Die R-Sätze auf Gefahrstoffen weisen auf besondere Risiken hin.
3. Die S-Sätze auf Gefahrstoffen führen Sicherheitsvorschläge an.
4. Der Umgang mit Gefahrstoffen muss in einer Betriebsanweisung festgelegt werden.
5. Sehr giftige Gefahrstoffe müssen mit dem Andreaskreuz gekennzeichnet sein.

▶ ☐

---

41. Aufgabe

Wie nennt man in der Praxishygiene die Verunreinigung von Gegenständen, Instrumenten und der Haut mit Infektionserregern?

1. Infektion
2. Kontamination
3. Asepsis
4. Symbiose
5. Applikation

▶ ☐

---

42. Aufgabe

Welche der folgenden Aussagen zum Einsatz von Desinfektionslösungen trifft nicht zu?

1. Eine falsch gewählte Konzentration kann die Wirksamkeit eines Desinfektionsmittels beeinflussen.
2. Die Einwirkzeit spielt bei modernen Desinfektionsmitteln keine Rolle.
3. Für verschiedene Materialien werden unterschiedliche Desinfektionsmittel verwendet.
4. Desinfektionsmittel können die Umwelt belasten.
5. Desinfektionsmittel können die Gesundheit des Personals gefährden.

▶ ☐

---

43. Aufgabe

Welche Aussage zu Laborarbeitsplätzen trifft nicht zu?

1. Eine Unterweisung zur Gefahrstoffverordnung muss einmal jährlich erfolgen.
2. Behälter mit gesundheitsgefährdenden Stoffen dürfen nicht über Kopfhöhe gelagert werden.
3. Alle nicht ortsfesten Elektrogeräte müssen regelmäßig von einem Fachmann überprüft werden.
4. Für Laborräume mit mehr als vier Beschäftigten muss ein Feuerlöscher vorhanden sein.
5. Die Erstellung einer Gefährdungsbeurteilung, die für den Arbeitgeber verpflichtend ist, soll den Beschäftigten Gefahren und Schutzmöglichkeiten aufzeigen.

▶ ☐

44. Aufgabe

Welche Aussage trifft nicht zu?

1. Der ph-Wert einer Flüssigkeit ist von der Zahl der Wasserstoffionen abhängig.
2. Bei der Vermischung einer Säure mit einer Base erfolgt eine Neutralisationsreaktion.
3. Der ph-Wert einer Säure ist größer als 7.
4. Kationen sind positiv geladene Teilchen.
5. Kochsalz besteht aus NaCl-Molekülen.

▶ ☐

---

45. Aufgabe

Wie werden die angeführten Gegenstände bzw. Materialien ordnungsgemäß entsorgt? Ordnen Sie richtig zu, indem Sie die Kennziffern in die entsprechenden Kästchen eintragen

1. Behördlich vorgeschriebene Sondermüllbeseitigung (z.B. besondere Sammelstellen)
2. In verschließbaren Plastiksack zum normalen Praxismüll
3. In stabilen, verschließbaren Behälter zum normalen Praxismüll
4. Schmutzausguss oder Toilette; gut nachspülen

Injektionskanülen	☐
Patientenurin	☐
Mundspatel	☐
Medikamente	☐
Einmalhandschuhe	☐
Quecksilberbatterien aus einem Otoskop	☐

---

46. Aufgabe

Der zeitliche Ablauf beim Sterilisieren in einem Heißluftsterilisator gliedert sich in

- Anheizzeit,
- Ausgleichzeit,
- Abtötungszeit (plus Sicherheitszuschlag),
- Abkühlzeit.

Wie lange ist die Abtötungszeit plus Sicherheitszuschlag, wenn in einem Heißluftsterilisator eine Temperatur von ca 180 °Celsius erreicht wird?

1. 5 Minuten
2. 10 Minuten
3. 30 Minuten
4. 60 Minuten
5. $1\frac{1}{2}$ Stunden

▶ ☐

---

47. Aufgabe

Desinfektionsmittel sind meist aus verschiedenen chemischen Grundstoffen zusammengesetzt. Welche der angeführten Stoffe finden als Bestandteile von Desinfektionsmitteln im Allgemeinen keine Anwendung?

1. Aldehyde
2. Alkohole
3. Oxidationsmittel
4. Kochsalz
5. Glukoselösung
6. Laugen

▶ ☐

▶ ☐

---

48. Aufgabe

Die Unfallverhütungsvorschriften für den Gesundheitsdienst sehen für Sterilisationsapparate wenigstens zweimal jährlich eine biologische Funktionsprüfung vor. Was besagt diese Forderung?

1. Der Sterilisationsapparat muss mindestens zweimal jährlich benützt werden.
2. Die Wirksamkeit muss mithilfe des Einsatzes von Sporenpäckchen mindestens zweimal pro Jahr nachgewiesen werden.
3. Zweimalige jährliche Untersuchung der Geräte durch ein biologisch-chemisches Institut
4. Bei einer zweimaligen Untersuchung im Jahr muss nachgewiesen werden, dass für biologische Strukturen Unbedenklichkeit vorliegt.
5. Funktionsprüfung durch einen Biologen

▶ ☐

---

49. Aufgabe

Vor einer Blutentnahme wird die Haut in der Ellenbeuge im Wischverfahren mit einem sterilen Alkoholtupfer desinfiziert. Welche Aussage trifft zu?

1. Blutentnahme sofort möglich
2. Vor Einstechen erneut Desinfektion nötig
3. Nach Einstechen Desinfektion nötig
4. Nach einer Einwirkzeit von ca. 30 Sekunden Blutentnahme möglich
5. Nach einer Einwirkzeit von ca. zwei Minuten Blutentnahme möglich

▶ ☐

---

50. Aufgabe

Welche Aussage zur Hautdesinfektion trifft nicht zu?

1. Eine hygienische Händedesinfektion mit einer geeigneten Lösung dauert ca. 30 Sekunden.
2. Hautdesinfektionsmittel können allergische Reaktionen hervorrufen.
3. Hautdesinfektionsmittel werden häufig auf Alkoholbasis hergestellt.
4. Hautdesinfektionsmittel besitzen meistens auch eine reinigende Wirkung.
5. Die chirurgische Händedesinfektion führt zu vollständiger Keimfreiheit (Sterilität) der Hände.

▶ ☐

---

51. Aufgabe

Welches Sterilisationsgut darf im Normalfall nicht im Heißluftsterilisator sterilisiert werden?

a. ______________________________

b. ______________________________

c. ______________________________

---

52. Aufgabe

Warum werden Instrumente nach Gebrauch zuerst desinfiziert?

____

____

Lernfeld 3

53. Aufgabe

Nennen Sie die beiden Verfahren zur Desinfektion der Hände und führen Sie die dafür benötigte ungefähre Zeitdauer an.

a. ____________________

b. ____________________

54. Aufgabe

Nennen Sie zwei Arten von Sterilisatoren, die in der Arztpraxis gebräuchlich sind.

a. ____________________

b. ____________________

55. Aufgabe

Welche Aussage zum Betriebsarzt trifft nicht zu?

1. Der Betriebsarzt wird vom Betrieb eingestellt und bezahlt.
2. Die rechtliche Grundlage für die Tätigkeit des Betriebsarztes sind das Arbeitssicherheitsgesetz und die Vorgaben der Berufsgenossenschaften.
3. Der Betriebsarzt berät in Fragen des betrieblichen Arbeitsschutzes.
4. Der Betriebsarzt soll im Rahmen der arbeitsmedizinischen Untersuchungen arbeitsplatzverursachte Gesundheitsschäden erkennen.
5. Arbeitsunfähigkeitsbescheinigungen können dem Betriebsarzt vorgelegt und bei berechtigten Zweifeln von diesem geändert werden.

▶ ☐

56. Aufgabe

Welche Aussagen treffen zu? Wählen Sie die richtige Kombination aus.

a. Lues (Syphilis) ist eine Viruserkrankung.
b. Zecken können FSME übertragen.
c. Zecken können Borreliose übertragen.
d. Poliomyelitis kann zu Lähmungen führen.
e. Das Fachwort für Gürtelrose ist Rubeola.

Kombination:

1. a – b – c – e
2. a – c – d
3. b – c – d – e
4. b – c – d
5. c – d – e

▶ ☐

57. Aufgabe

Ordnen Sie richtig zu, indem Sie die Kennziffer der Erregerform in das entsprechende Kästchen bei der zutreffenden Diagnose eintragen.

1. Bakterien
2. Pilze
3. Viren
4. Protozoen
5. Würmer

Tetanus	☐
Poliomyelitis	☐
Toxoplasmose	☐
Soor	☐

58. Aufgabe

Welche der angeführten Erkrankungen hat im Allgemeinen eine sehr kurze Inkubationszeit?

1. Hepatitis B
2. Tollwut
3. AIDS
4. Tuberkulose
5. Salmonellen-Enteritis

---

59. Aufgabe

Welche Aussagen zur Hepatitis B treffen zu? Wählen Sie bitte die richtige Kombination aus.

a. Inkubationszeit bis ca. sechs Wochen
b. Inkubationszeit bis ca. sechs Monate
c. Aktive Schutzimpfung ist möglich
d. Meistens durch kontaminierte Lebensmittel übertragen
e. Durch Verletzung mit sekret- oder blutbehafteten Gegenständen
f. Ikterus möglich

Kombination:

1. a – c – d
2. a – d – f
3. b – c – d – e
4. b – c – e
5. b – c – e – f

---

60. Aufgabe

Welche der angeführten Krankheiten ist keine Viruserkrankung?

1. Röteln
2. Masern
3. AIDS
4. Scharlach
5. Influenza
6. Hepatitis B

---

61. Aufgabe

Welche der angeführten Krankheiten werden durch sporenbildende Bakterien verursacht?

1. Tetanus
2. Lues
3. Diphtherie
4. Gasbrand
5. Gonorrhoe

---

62. Aufgabe

Welche Aussage trifft für eine Wurmerkrankung nicht zu?

1. Möglicher Vitamin- und Nährstoffentzug
2. Möglicher Blutverlust
3. Toxische Wirkung der Ausscheidungsprodukte des Wurms
4. Übertragung von Encephalitisviren
5. Möglicher Darmverschluss

---

63. Aufgabe

Auf der folgenden Abbildung sehen Sie Fieberverlauf und Aussehen eines erkrankten Kindes.

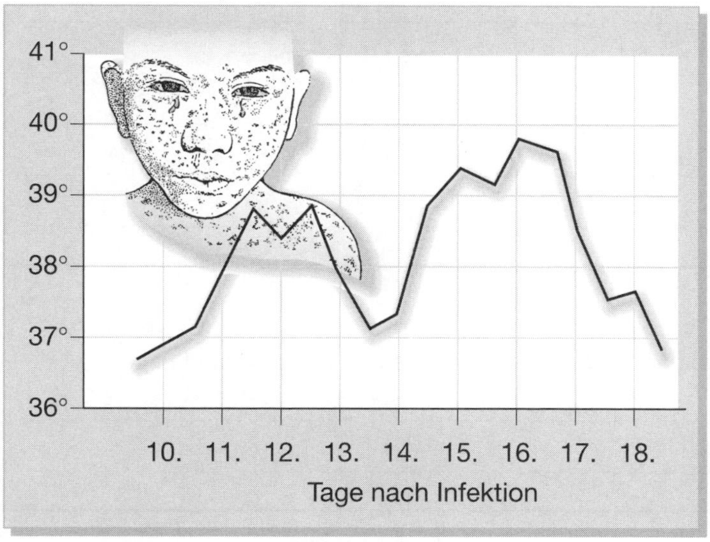

1. Masern
2. Windpocken
3. Influenza
4. Röteln
5. Mumps

▶ ☐

---

64. Aufgabe

Welche der angeführten Krankheiten gehen im Normalfall nicht mit einem Exanthem einher?

1. Röteln
2. Scharlach
3. Mumps
4. Windpocken
5. Keuchhusten
6. Masern

▶ ☐

▶ ☐

---

65. Aufgabe

Welche der nachstehend genannten Krankheitsbilder gehören zu den Geschlechtskrankheiten?

1. Morbilli
2. Neuritis
3. Pocken
4. Syphilis
5. Karzinom
6. Gonorrhoe

▶ ☐

▶ ☐

---

66. Aufgabe

Wer gilt als Entdecker des Penicillins und hat dafür den Nobelpreis erhalten?

1. Paracelsus
2. Ignaz Semmelweis
3. Max von Pettenkofer
4. Alexander Fleming
5. Robert Koch

▶ ☐

---

67. Aufgabe

Führen Sie die deutsche Bezeichnung an.

a. Poliomyelitis: ______

b. Influenza: ______

c. Zoster: ______

d. Morbilli: ______

e. Pertussis: ______

68. Aufgabe

Nennen Sie zwei virusverursachte Infektionskrankheiten, die durch ein Exanthem gekennzeichnet sind.

a. ______

b. ______

69. Aufgabe

Nennen Sie drei Infektionskrankheiten, die durch Protozoen verursacht werden.

a. ______

b. ______

c. ______

Lernfeld 4: Bei Diagnostik und Therapie von Erkrankungen des Bewegungsapparates assistieren

70. Aufgabe

Welche Bewegungsrichtung bezeichnet der Begriff „Rotation“?

1. Beugung
2. Streckung
3. Abspreizen
4. Anlegen
5. Drehung um die Längsachse
6. Bewegung nach vorne

▶ ☐

---

71. Aufgabe

Ordnen Sie zu, indem Sie die Kennziffer der zutreffenden deutschen Benennung in das entsprechende Kästchen bei den Fachausdrücken eintragen.

1. Bauchraum
2. Gliedmaßen
3. Kopf
4. Rücken
5. Brustkorb
6. Gesicht

Thorax	☐
Abdomen	☐
Extremitäten	☐

---

72. Aufgabe

Ordnen Sie richtig zu, indem Sie die Kennziffer der zutreffenden deutschen Benennung in das entsprechende Kästchen bei den Fachausdrücken eintragen.

1. Hinten
2. Vorne
3. Kopfwärts
4. Abwärts
5. Innen
6. Zur Mitte hin
7. Zur Seite hin
8. Vom Rumpf weg

caudal	☐
medial	☐
distal	☐
lateral	☐

73. Aufgabe

Welche Ziffer der nebenstehenden Abbildung kennzeichnet die Patella?

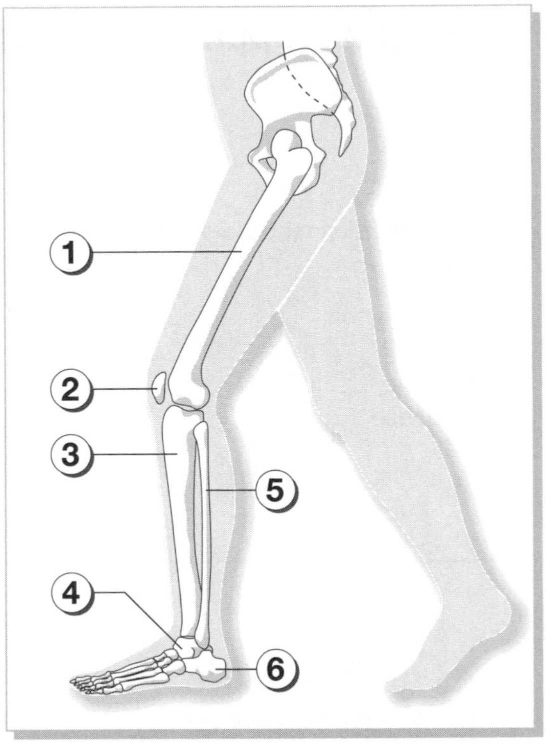

▶ ☐

---

74. Aufgabe

Welche drei Knochen treffen sich am Ellenbogen?

1. Ulna, Humerus, Femur
2. Fibula, Clavicula, Humerus
3. Radius, Costa, Humerus
4. Skapula, Ulna, Humerus
5. Tibia, Ulna, Humerus
6. Humerus, Ulna, Radius

▶ ☐

---

75. Aufgabe

Wie heißen die physiologischen Krümmungen der Wirbelsäule?

1. Gibbus
2. Skoliose
3. Spondylose
4. Kyphose
5. Lordose
6. Gonarthrose

▶ ☐

▶ ☐

---

76. Aufgabe

Welche Ziffer der Abbildung bezeichnet …

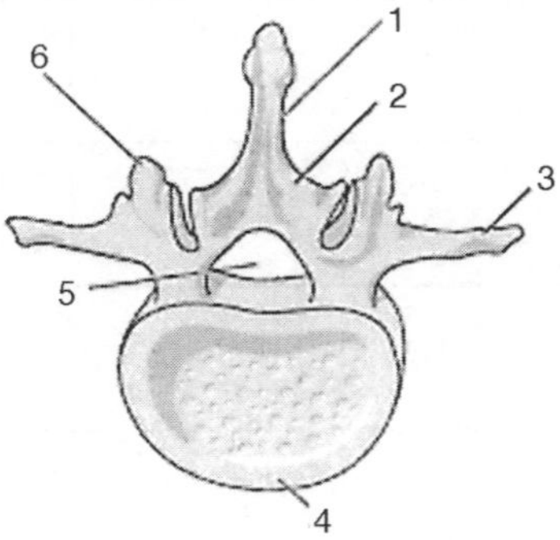

… den Wirbelkörper? ▶ ☐

… den Dornfortsatz? ▶ ☐

77. Aufgabe

Welche der folgenden Aussagen treffen auf die Skelettmuskulatur zu?

1. Dem Willen unterworfen, quergestreift, Kerne randständig
2. Dem Willen unterworfen, glatt, Kerne randständig
3. Dem Willen unterworfen, quergestreift, Kern zentral
4. Unwillkürlich, quergestreift, Kerne randständig
5. Unwillkürlich, glatt, Kern zentral

▶ ☐

---

78. Aufgabe

Welche Ziffer der Abbildung kennzeichnet den Glutaeusmuskel?

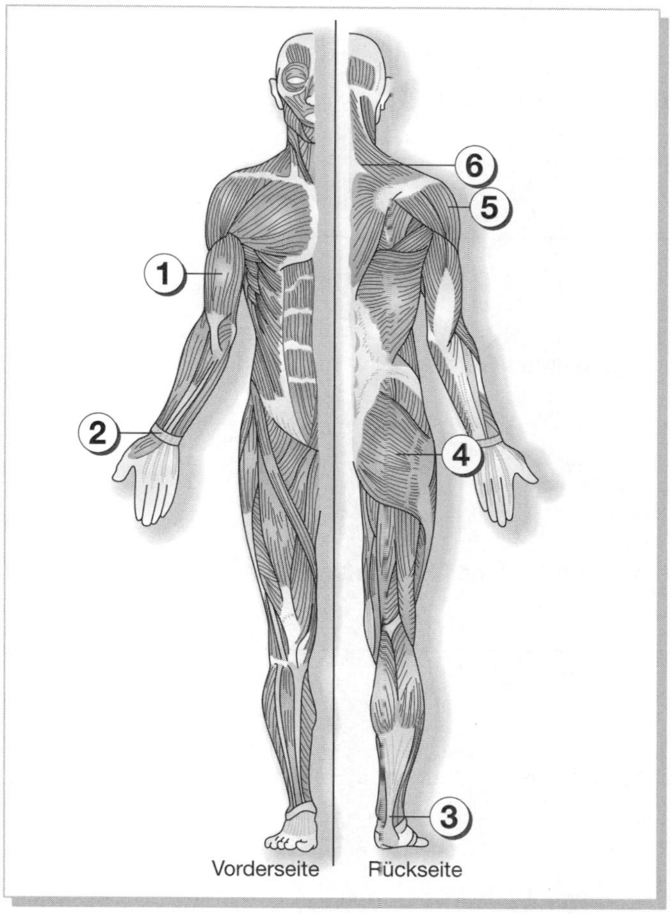

▶ ☐

---

79. Aufgabe

Was versteht man unter „Antagonisten"?

1. Wurmeier
2. Bestandteile der Zelle
3. Parallel stehende Knochen
4. Gegenspielermuskeln
5. Eingeweidemuskulatur

▶ ☐

---

80. Aufgabe

Wie heißt der Antagonist des Musculus Biceps? Für welche Bewegung im Ellbogengelenk ist er zuständig?

a. ______________________________

b. ______________________________

81. Aufgabe

Welche Knochen bilden das Ellbogengelenk? Nennen Sie die Fachausdrücke.

82. Aufgabe

Was ist ein Meniskus?

1. Zwischenknorpel im Kniegelenk
2. Bandscheibe
3. Teil des Kleinhirns
4. Band zwischen Femur und Tibia
5. Teil des Großhirns
6. Der Knorpel im Ohrläppchen

▶ ☐

83. Aufgabe

Welche der nachstehend genannten Gelenke sind reine Scharniergelenke?

1. Fingermittelgelenk
2. Schultergelenk
3. Handgelenk
4. Daumenendgelenk
5. Hüftgelenk
6. Proximale Gelenkverbindung zwischen Radius und Ulna

▶ ☐

▶ ☐

84. Aufgabe

Welcher Begriff bezeichnet die Ausrenkung eines Gelenkkopfes aus der zugehörigen Gelenkpfanne?

1. Adduktion
2. Abduktion
3. Distorsion
4. Compression
5. Luxation

▶ ☐

85. Aufgabe

Ordnen Sie richtig zu, indem Sie die Kennziffer der deutschen Krankheitsbezeichnung in das Kästchen bei der zutreffenden Fachbezeichnung eintragen.

1. Schleimbeutelentzündung
2. Sehnenscheidenentzündung
3. Chronische Kniegelenksentzündung
4. Akute Kniegelenksentzündung
5. Knochenmarksentzündung
6. Gutartige Geschwulstbildung im Bereich von Sehnenscheiden
7. Schultergelenksentzündung

Osteomyelitis	☐
Gonarthrose	☐
Ganglion	☐

86. Aufgabe

Nennen Sie die Fachausdrücke.

a. Prellung: ______

b. Verstauchung: ______

c. Verrenkung: ______

d. Hüftgelenkabnutzung: ______

e. Kniegelenkabnutzung: ______

f. Knochenbruch: ______

---

87. Aufgabe

Welches Fachwort bezeichnet die Prellung eines Körperteils?

1. Luxation
2. Distorsion
3. Dislokation
4. Reposition
5. Kontusion

▶ ☐

---

88. Aufgabe

Bei welcher der angeführten Krankheitsbezeichnungen liegt eine Entzündung vor?

1. Nephritis
2. Arthrose
3. Rachitis
4. Angina pectoris
5. Hypertonie

▶ ☐

---

89. Aufgabe

Was versteht man unter Disposition?

1. Objektives Krankheitsanzeichen
2. Psychosomatische Erkrankung
3. Anfälligkeit der Bevölkerung in Bezug auf eine bestimmte Krankheit
4. Zusammenfassung der Faktoren, die eine Krankheit begünstigen
5. Ursache einer Krankheit

▶ ☐

---

90. Aufgabe

Was versteht man unter dem Begriff „Insuffizienz“?

1. Überempfindlichkeit
2. Überproduktion von Körpersäften
3. Pilzerkrankung
4. Ungenügende Organleistung
5. Verminderung des Hämoglobins
6. Ödembildung

▶ ☐

---

91. Aufgabe

Wann spricht man von Nekrose?

1. Zunahme der Zellzahl
2. Mangelernährung von Zellen
3. Gewebevergrößerung in Folge der Größenzunahme einzelner Zellen
4. Absterben von Organen, Organteilen oder Geweben
5. Tod des Gesamtorganismus

▶ ☐

---

92. Aufgabe

Als Folge einer Entzündung hat sich in einer Körperhöhle (z. B. Gallenblase) ein eitriger Erguss angesammelt. Wie heißt der Fachausdruck?

1. Exsudat
2. Abszess
3. Empyem
4. Granulat
5. Fistel
6. Ascites

▶ ☐

---

93. Aufgabe

Welcher Fachausdruck bezeichnet eine Schwellung als Folge einer wässrigen Flüssigkeitsansammlung in den Gewebespalten?

1. Ödem
2. Hämatemesis
3. Hämatom
4. Adenom
5. Phlegmone
6. Gangrän

▶ ☐

---

94. Aufgabe

Welche Aussage in Bezug auf Erbkrankheiten trifft nicht zu?

1. Trisomie 21 (Down-Syndrom) ist eine Erbkrankheit.
2. Erbkrankheiten können geschlechtsgebunden auftreten.
3. Erbkrankheiten können gehäuft in bestimmten Familien auftreten.
4. Erbkrankheiten treten in jeder Generation auf (die Krankheit wird in jeder Generation sichtbar).
5. Fehlbildungen können ihre Ursache in Erbkrankheiten haben.

▶ ☐

---

95. Aufgabe

Welche Merkmale weist ein bösartiger Tumor auf? Wählen Sie bitte die richtige Kombination aus.

a) Metastasenbildung
b) Infiltriert in Umgebungsgewebe
c) Tumor von gesundem Umgebungsgewebe scharf abgegrenzt
d) Meist langsames, verdrängendes Wachstum
e) Enthält veränderte, atypische Zellen

Kombination:

1. a – b – c
2. a – b – d
3. a – b – d – e
4. a – b – e
5. c – d

▶ ☐

---

96. Aufgabe

Welche der folgenden Aussagen über eine Entzündung sind zutreffend? Wählen Sie bitte die richtige Kombination aus.

a) Sie ist eine Abwehrreaktion des Körpers.
b) Sie kann durch lebende Krankheitserreger, physikalische, chemische und mechanische Reize ausgelöst werden.
c) Sie kann nur mit Mängeln (Defekten) ausheilen.
d) Sie ist immer mit Eiterbildung verbunden.
e) Sie kann akut oder chronisch verlaufen.

Kombination:

1. a – b – c – d – e
2. a – b – c
3. a – b – e
4. c – d – e
5. d – e

▶ ☐

---

97. Aufgabe

Was versteht man unter einer Metastase?

1. Eine Muskelverhärtung
2. Eine bösartige Tochtergeschwulst
3. Eine Gerinselbildung in der Blutbahn
4. Die Wanderung eines Blutpfropfes
5. Die Bakterienaussaat in die Blutbahn
6. Eine seelische Erkrankung

▶ ☐

---

98. Aufgabe

Welche der angeführten Erkrankungen im Bereich der Haut ist bösartig?

1. Seborrhoe
2. Exanthem
3. Naevus
4. Skabies
5. Melanom
6. Psoriasis

▶ ☐

---

99. Aufgabe

Ordnen Sie richtig zu, indem Sie die zutreffende Kennziffer des Fachbegriffs in das entsprechende Kästchen bei der deutschen Erklärung eintragen.

1. Ulcus
2. Naevus
3. Basaliom
4. Melanom
5. Ekzem
6. Furunkel

Geschwür	☐
Muttermal	☐
Haarbalgentzündung	☐

Lernfeld 4

100. Aufgabe

Welche der folgenden Tumore werden zu den bösartigen Tumoren gezählt?

1. Myom
2. Lipom
3. Sarkom
4. Melanom
5. Osteom

▶ ☐

▶ ☐

---

101. Aufgabe

Ordnen Sie richtig zu, indem Sie die Kennziffer der betroffenen Gewebeart in das Kästchen bei dem entsprechenden Tumor eintragen.

1. Fettgewebe
2. Muskelgewebe
3. Knorpelgewebe
4. Knochengewebe
5. Epithelgewebe
6. Nervengewebe

Lipom	☐
Carcinom	☐
Myom	☐

---

102. Aufgabe

Bei welcher der angeführten Krankheitsbezeichnungen liegt eine Entzündung vor?

1. Nephritis
2. Arthrose
3. Rachitis
4. Angina pectoris
5. Hypertonie

▶ ☐

---

103. Aufgabe

Welche fünf Symptome kennzeichnen eine Entzündung?

a. ____________________

b. ____________________

c. ____________________

d. ____________________

e. ____________________

---

104. Aufgabe

Welche Merkmale weisen einen bösartigen Tumor aus?

a. ____________________

b. ____________________

c. ____________________

d. ____________________

---

105. Aufgabe

Was versteht man unter „Rekonvaleszenz“?

1. Genesungsphase nach durchstandener Krankheit
2. Unvollständige Heilung einer Erkrankung
3. Das erneute Auftreten einer Erkrankung
4. Die Entwicklung einer chronischen Erkrankung aus einer vorangegangenen akuten Erkrankung
5. Das im Anschluss an eine Erkrankung folgende Rehabilitationsprogramm

▶ ☐

---

106. Aufgabe

Welche Aussage trifft zu?

1. Der biologische Tod ist durch ein Erlöschen der Hirnfunktion definiert.
2. Unter Biopsie versteht man die Leichenöffnung.
3. Die Disposition ist die Vorhersage über den Verlauf einer Krankheit.
4. Unter Embryopathie versteht man Störungen der Organbildung nach dem dritten Schwangerschaftsmonat.
5. Die Hauptursache für Erbkrankheiten sind Infektionen der Mutter während der Schwangerschaft.

▶ ☐

---

107. Aufgabe

Wie heißt das Fachwort für „Bluterguss“?

1. Varize
2. Luxation
3. Hämatom
4. Ödem
5. Fraktur
6. Anämie

▶ ☐

---

108. Aufgabe

Was ist ein objektives Krankheitssymptom?

1. Übelkeit
2. Schmerzen
3. Pulserhöhung
4. Schwindel
5. Abgeschlagenheit

▶ ☐

---

109. Aufgabe

Welche Aussage trifft <u>nicht</u> zu?

1. Bei einer konservativen Therapie ist eine Operation vorgesehen.
2. Die kausale Therapie bekämpft die Ursache einer Erkrankung.
3. Impfungen zählen zur primären Prävention.
4. Heilt eine Wunde ohne Komplikationen, spricht man von primärer Wundheilung.
5. Herz-Kreislauf-Erkrankungen sind in Deutschland die häufigste Todesursache.

▶ ☐

---

110. Aufgabe

Welche Aussage zum Medizinproduktegesetz (Medizinproduktebetreiberverordnung) trifft nicht zu?

1. Für Defibrillatoren muss ein Medizinproduktebuch vorliegen.
2. Im Medizinproduktebuch müssen die Namen der in die Gerätebedienung eingewiesenen Personen angeführt sein.
3. Im Bestandsverzeichnis werden die in der Praxis vorhandenen Arzneimittel aufgelistet.
4. Für Tretkurbelergometer (Fahrradergometer) ist im Abstand von zwei Jahren eine messtechnische Kontrolle vorgesehen.
5. Für Medizinproduktebücher gilt eine Aufbewahrungsfrist von fünf Jahren.

▶ ☐

---

111. Aufgabe

Welche Aussagen treffen auf elektromagnetische Wellen (Strahlen) zu? Wählen Sie die richtige Antwortkombination.

a) Schallwellen sind besonders energiereiche elektromagnetische Wellen.
b) Halbiert man den Abstand zu einer Strahlenquelle, verdoppelt sich die Strahlungsdosis.
c) Das sichtbare Licht zählt zu den elektromagnetischen Wellen.
d) Gammastrahlen sind hochfrequente Strahlen.
e) Bei der UV-Lichttherapie kommen elektromagnetische Wellen zur Anwendung.

Kombination:

1. a – b – c
2. a – c – d – e
3. b – c – d
4. b – c – d – e
5. c – d – e

▶ ☐

---

112. Aufgabe

Welches Gerät ist zur Ermittlung der Strahlenbelastung für das Personal im Kontrollbereich einer Röntgeneinrichtung vorgeschrieben?

---

113. Aufgabe

Welches Material gewinnt man bei einer Beckenkammbiopsie?

---

114. Aufgabe

Welche Gewebeart absorbiert am meisten Röntgenstrahlen?

1. Muskelgewebe
2. Knochengewebe
3. Fettgewebe
4. Knorpelgewebe
5. Nervengewebe

▶ ☐

---

115. Aufgabe

Was versteht man unter einem Gonadenschutz?

1. Spezielle Abdeckungen, die Ovarien bzw. Hoden vor Röntgenstrahlen schützen
2. Medikamente gegen vorzeitiges Einsetzen der Menopause
3. Hormonelle Beeinflussung der Ovarien im Verlauf des weiblichen Zyklus
4. Schutz der Keimdrüsen während einer Chemotherapie durch Eisbeutel
5. Sterilisation ohne Schädigung der Gonaden

▶ ☐

116. Aufgabe

Ordnen Sie die zutreffenden Aussagen den angeführten Diagnoseverfahren zu, indem Sie in das betreffende Kästchen die infrage kommende Kennziffer setzen.

1. Ableitung von Wechselströmen
2. Verwendung von starken magnetischen Feldern
3. Anwendung von Radioisotopen
4. Anwendung von Röntgenstrahlen
5. Einsatz hochfrequenter Schallwellen

Kernspintomografie	☐
Sonografie	☐
Computertomografie	☐

117. Aufgabe

Ordnen Sie richtig zu. Wählen Sie aus der linken Liste die Erklärung für die rechts angeführten Fachausdrücke, indem Sie die zutreffende Kennziffer in das entsprechende Kästchen eintragen.

1. Betasten mit der Hand
2. Beklopfen von Körperregionen
3. Messen von Organleistungen
4. Abhören von Organen oder Organsystemen
5. Inspizieren von Körperhöhlen
6. Punktieren von Körperhöhlen

Palpation	☐
Auskultation	☐
Perkussion	☐

118. Aufgabe

Bei welchem Diagnoseverfahren kommen radioaktive Substanzen zur Anwendung?

1. Szintigrafie
2. Angiografie
3. Phlebografie
4. Sonografie
5. Elektroenzephalografie

▶ ☐

119. Aufgabe

Welche Aussage zur Blutsenkung trifft zu? Wählen Sie die richtige Kombination aus.

a) Eine erhöhte BSG kann auf einen entzündlichen Prozess hindeuten.
b) Die BSG wird nach der Methode von Westergren durchgeführt.
c) Im Normalfall wird die BSG nach zwei und drei Stunden abgelesen.
d) Der Normbereich für Männer beträgt ca. 30/50 mm.
e) Bei der BSG beträgt das Mischungsverhältnis von Vollblut mit Citrat 1,6 zu 0,4.

Kombination:

1. a – b – c – d
2. a – b – c
3. a – b – e
4. b – c – d
5. c – d

▶ ☐

---

120. Aufgabe

Welche Aussage trifft nicht zu?

1. Ein positiver CRP-Test kann ein Hinweis auf ein rheumatisches Fieber oder eine Polyarthrtis sein.
2. Zur Durchführung des CRP-Tests eignet sich Morgenurin bzw. Spontanurin.
3. Beim Vorliegen von bösartigen Tumoren kann der CRP-Wert erhöht sein.
4. Bei Viruserkrankungen ist der CRP-Wert normal oder nur leicht erhöht.
5. Für die Bestimmung des CRP-Werts stehen qualitative und semiquantitative Schnelltests zur Verfügung.

▶ ☐

---

121. Aufgabe

Welche Aussage zu Spritzen und Injektionskanülen trifft nicht zu?

1. Rekordspritzen sind für einen mehrfachen Gebrauch vorgesehen.
2. Insulinspritzen besitzen eine besondere Graduierung.
3. Flügelkanülen finden bei Entnahme größerer Blutmengen Verwendung.
4. Injektionskanülen sind verschieden lang.
5. Die dickste in der Praxis verwendete Injektionskanüle hat die Nummer (Normgröße) 20 und ist grau.
6. Venenverweilkanülen enthalten eine dünne Metallkanüle in einem Kunststoffröhrchen, die nach der Venenpunktion entfernt wird.

▶ ☐

---

122. Aufgabe

Warum muss vor einer subkutanen oder intramuskulären Injektion aspiriert werden?

1. Um Luft aus der Spritze und der Injektionsnadel zu entfernen
2. Um zu prüfen, ob sich die Injektionskanüle versehentlich in einem Blutgefäß befindet
3. Um die Durchgängigkeit der Injektionskanüle zu überprüfen
4. Um zu prüfen, ob man sich in der Nähe eines Nervs befindet
5. Damit die Injektion weniger Schmerzen verursacht

▶ ☐

---

123. Aufgabe

Welche Aussage trifft nicht zu?

1. Für das Anlegen einer Infusion eignen sich Venenverweilkanüle und Butterfly-Kanüle.
2. Falls erforderlich, werden Medikamente durch den Gummistopfen dem Infusionsflascheninhalt zugefügt.
3. Bevor man die Tropfkammer füllt, muss der Infusionsschlauch durch die Radklemme verschlossen werden.
4. Bei einer wässerigen Infusionslösung ergeben ca. 20 Tropfen einen Milliliter.
5. Vor Entfernung der Injektionskanüle und des Infusionsschlauchs muss die Infusionsflasche durch Öffnen der Lüftungsklappe mit Luft gefüllt werden.

▶ ☐

---

124. Aufgabe

Es soll eine Injektion in den Gesäßmuskel durchgeführt werden. Wie lässt sich eine Schädigung des Ischiasnervs vermeiden?

1. Durch langsames Injizieren
2. Durch die Auswahl der richtigen Kanülenlänge
3. Durch Aspirieren vor der Injektion
4. Durch Anwendung der ventroglutealen Injektionstechnik nach v. Hochstetter
5. Durch Injektion in den medialen und caudalen Anteil des Gluteusmuskels

▶ ☐

---

125. Aufgabe

Was ist bei der Durchführung einer intramuskulären Injektion in den Gesäßmuskel zu beachten? Wählen Sie bitte die richtige Kombination aus.

a) Die Länge der Injektionskanüle muss ausreichend sein.
b) Der Patient muss nüchtern sein.
c) Die Injektionsstelle muss richtig gewählt werden (Injektion nach v. Hochstetter).
d) Vor der Injektion muss aspiriert werden.
e) Es soll möglichst rasch injiziert werden.
f) Die Haut muss sorgfältig desinfiziert werden.

Kombination:

1. a – b – c – e
2. a – b – d – e
3. a – c – d – f
4. b – c – d
5. c – d – e

▶ ☐

---

126. Aufgabe

Was versteht man unter einer intraartikulären Injektion?

1. Injektion in den Liquorraum
2. Injektion in die Luftröhre
3. Injektion unter die Schleimhaut
4. Injektion in eine Vene
5. Injektion in ein Gelenk
6. Injektion in den Pleuraspalt

▶ ☐

---

127. Aufgabe

In welcher Einheit wird die Frequenz angegeben?

---

128. Aufgabe

Was versteht man unter Galvanisation?

1. Anregung der Herztätigkeit bei Kammerflimmern
2. Veröden von Varizen
3. Behandlung mit Gleichstrom
4. Anwendung von radioaktiven Substanzen
5. Wärmeerzeugung durch Kurzwellen

▶ ☐

---

129. Aufgabe

Ordnen Sie die Aussagen über Therapiegeräte richtig zu, indem Sie die zutreffende Ziffer in das entsprechende Kästchen eintragen.

1. Verwendung von Schliephake oder Weichgummielektroden
2. Erwärmung und Mikromassage des Gewebes
3. Therapie von Rachitis und Hauterkrankungen
4. Einbringen von Medikamenten mithilfe von Gleichstrom ohne Verletzung der Haut
5. Herbeiführen einer Muskelkontraktion durch niederfrequente Ströme

Kurzwellentherapie (Kondensatorfeld)	☐
Ultraschalltherapie	☐
Iontophorese	☐

---

130. Aufgabe

Welche Regeln sind bei der Verwendung von Hochfrequenzelektrotherapiegeräten (Mikrowelle) zu beachten? Wählen Sie bitte die richtige Kombination aus.

a) Der Patient muss nüchtern sein.
b) Metallgegenstände müssen aus dem Bestrahlungsfeld entfernt werden.
c) Bei Bestrahlung im Kopfbereich müssen die Augen durch eine Teesiebgeflechtbrille geschützt werden.
d) Die Arzthelferin muss sich in Rufweite des Patienten befinden.
e) Die Wärmeempfindung des Patienten soll knapp über der Schmerzgrenze liegen.

Kombination:

1. a – b – c – d
2. b – c – d
3. b – c – d – e
4. b – c – e
5. c – d – e

▶ ☐

---

131. Aufgabe

Was versteht man unter Kryotherapie?

1. Behandlung mit Inhalationsgeräten
2. Behandlung mit Wasser
3. Behandlung mit schlammartigen Badeflüssigkeiten
4. Behandlung mit Röntgenstrahlen
5. Behandlung mit Eis bzw. Kälte

▶ ☐

---

132. Aufgabe

Bei einem Patienten wird eine Mikrowellentherapie durchgeführt. Worauf ist zu achten?

1. Dass sich keine metallischen Gegenstände im durchfluteten Körperfeld befinden
2. Dass beim Patienten das Erdungskabel richtig angeschlossen ist
3. Dass die Extremitätenkabel nicht mit dem Brustwandkabel verwechselt werden
4. Dass die Haut im Elektrodenbezirk gut eingefettet ist
5. Dass Feuchtlamellen zwischen Elektroden und Haut guten Kontakt sichern
6. Dass das entsprechende Extinktionsfilter eingesetzt ist

▶ ☐

133. Aufgabe

Führen Sie zwei Kontraindikationen für eine Ultraschalltherapie an.

134. Aufgabe

Wie heißt das Therapieverfahren, bei dem mithilfe von Gleichstrom durch die unversehrte Haut hindurch Medikamente in das Gewebe eingebracht werden?

135. Aufgabe

Wie nennt man ein Medikament, das mit einem Zuckerguss überzogen ist?

1. Eine Retardkapsel
2. Ein Dragee
3. Eine Kapsel
4. Eine Tablette
5. Ein Suppositorium

▶ ☐

136. Aufgabe

Was ist eine Suspension?

1. Eine Paste
2. Ein Fett-Wasser-Gemisch
3. Ein Zäpfchen
4. Eine Quellmasse
5. Eine Salbe
6. Eine Lösung, in der pulverförmige (feste) Teilchen schweben

▶ ☐

137. Aufgabe

Ordnen Sie den Applikationsformen ihre deutsche Erklärung zu, indem Sie die zutreffende Kennziffer in das entsprechende Kästchen eintragen.

1. Durch den Mastdarm
2. Durch den Mund
3. Durch die intakte Haut
4. Über den Magen-Darm-Trakt
5. Durch die Harnröhre
6. Über die Scheide

Perkutane Applikation	☐
Orale Applikation	☐
Rektale Applikation	☐

138. Aufgabe

Ein Medikament ist für eine lokale Applikation vorgesehen. Was heißt das?

1. Das Medikament darf nur in ärztlichen Einrichtungen verordnet werden.
2. Das Medikament muss vom verordnenden Arzt oder seinem Personal angewandt werden.
3. Das Medikament wird über den Blutkreislauf an den Wirkort gebracht.
4. Das Medikament ist nur in der Bundesrepublik Deutschland zugelassen.
5. Das Medikament wird dort hingebracht, wo es zur Wirkung kommen soll, eine Verteilung im Körper ist also nicht beabsichtigt.

▶ ☐

---

139. Aufgabe

Ordnen Sie richtig zu, indem Sie die zutreffende Kennziffer der deutschen Erklärung in das entsprechende Kästchen bei den Fachausdrücken setzen.

1. Schlafmittel
2. Schmerzmittel
3. Mittel gegen Pilzerkrankungen
4. Mittel zur Hemmung des Wachstums bösartiger Tumore
5. Abführmittel
6. Mittel zur Förderung der Harnausscheidung
7. Mittel zur Krampflösung (glatte Muskulatur)

Analgetica	☐
Zytostatica	☐
Diuretica	☐
Spasmolytica	☐
Laxantien	☐

---

140. Aufgabe

Welche der folgenden Aussagen trifft <u>nicht</u> zu?

1. Antitussiva sind Mittel gegen Husten.
2. Suppositorien werden rektal appliziert.
3. N 1 bezeichnet die größte Verpackungseinheit eines Arzneimittels.
4. Salben haben einen hohen Fettanteil.
5. Antibiotica können allergische Reaktionen hervorrufen.

▶ ☐

---

141. Aufgabe

Welche Aussage über Nebenwirkungen von Arzneimitteln trifft nicht zu?

1. Bekannte Nebenwirkungen eines Arzneimittels müssen auf dem Beipackzettel angegeben sein.
2. Pflanzliche Arzneimittel haben keine Nebenwirkungen.
3. Nebenwirkungen können sich bei Schwangeren auf Embryo und Fetus beziehen.
4. Ein und dasselbe Medikament kann bei verschiedenen Patienten zu verschiedenen Nebenwirkungen führen.
5. Eine gefürchtete Nebenwirkung von Opiaten ist die Sucht.

▶ ☐

---

142. Aufgabe

In welchen Fällen handelt es sich um eine parenterale Arzneimittelapplikation? Wählen Sie die richtige Kombination aus.

a) Intravenöse Gabe eines Analgeticums
b) Orale Einnahme eines Kontrazeptivums
c) Intramuskuläre Hepatitis-B- Impfung
d) Inhalation eines Narkosegases
e) Percutane (transdermale) Applikation eines Opiates

Kombination:

1. a – b – c – d
2. a – b – c – e
3. a – c – d – e
4. b – c – e
5. c – d

▶ ☐

---

143. Aufgabe

Welche Wirkung haben die angeführten Arzneimittel?

a. Analgetica: ______________________________

b. Sedativa: ______________________________

c. Zytostatica: ______________________________

d. Laxantia: ______________________________

---

144. Aufgabe

Was versteht man unter parenteraler Applikation eines Medikamentes? Nennen Sie ein Beispiel.

a. ______________________________

____

b. ______________________________

---

145. Aufgabe

Bei welcher Temperatur sollen Impfseren aufbewahrt werden?

1. + 20° Celsius
2. + 37° Celsius
3. + 4° Celsius
4. + 10° Celsius
5. – 10° Celsius
6. + 0° Celsius

▶ ☐

---

146. Aufgabe

Im Zusammenhang mit Impfstoffen und Sera spricht man von einer Kühlkette. Worum handelt es sich dabei?

1. Impfstoffe sollen nur in gekühltem Zustand und im Rahmen einer Simultanimpfung appliziert werden.
2. Auftauvorgang tiefgefrorener Sera unter zeitlich genau abgestimmter Temperatursteigerung
3. Spezialkühlschrank, der geforderte Tieftemperaturen genau einhält
4. Sera und Impfstoffe werden so behandelt, dass auch während eines längeren Transports über verschiedene Stationen die vorgeschriebene Lagertemperatur eingehalten werden kann.
5. Spezieller Transportbehälter für Sera und Impfstoffe

▶ ☐

Lernfeld 5: Zwischenfällen vorbeugen und in Notfallsituationen Hilfe leisten

147. Aufgabe

Eine Frau hat ein Körpergewicht von 60 Kilogramm. Welche Blutmenge besitzt sie?

1. ca. 3 Liter
2. ca. 4 Liter
3. ca. 5 Liter
4. ca. 6 Liter
5. ca. 7 Liter

▶ ☐

148. Aufgabe

Welche Zellen gehören nicht zu den Leukozyten?

1. Monozyten
2. eosinophile Granulozyten
3. B-Lymphozyten
4. T-Lymphozyten
5. Thrombozyten

▶ ☐

149. Aufgabe

Ordnen Sie richtig zu, indem Sie die Kennziffer der Blutkörperchen in das entsprechende Kästchen bei deren Aufgaben eintragen.

Blutkörperchen

1. Eosinophile Granulozyten
2. Neutrophile Granulozyten
3. B-Lymphozyten
4. T-Lymphozyten
5. Erythrozyten

Aufgaben	
Vermehrt bei Wurmbefall	☐
Sauerstofftransport	☐
spezifische, zelluläre Abwehr	☐

150. Aufgabe

Von welchen Zellen des Immunsystems werden die Antikörper produziert?

151. Aufgabe

Welchen Durchmesser weist ein Erythrozyt auf?

1. Ca. 1 mm
2. Ca. 1/10 mm
3. Ca. 25 μm (Mikrometer)
4. Ca. 7 μm
5. Ca. 1 μm
6. Ca. 1 Nanometer

▶ ☐

152. Aufgabe

Welches Gas bindet sich besonders gut an Hämoglobin und kann so, vor allem bei Rauchern, zu einer Beeinträchtigung des Leistungsvermögens führen?

1. O_2 (Sauerstoff)
2. CO_2 (Kohlenstoffdioxid)
3. CO (Kohlenmonoxid)
4. N_2 (Stickstoff)
5. NO_2 (Stickstoffdioxid)

▶ ☐

---

153. Aufgabe

Welche der folgenden Aussagen trifft nicht zu?

1. Granulozyten gehören zu den geformten Blutbestandteilen.
2. Der Hämoglobingehalt pro 100 ml Blut ist bei der Frau im Allgemeinen niedriger als beim Mann.
3. Die Blutgruppenmerkmale des ABO-Systems sind Eigenschaften der Erythrozyten.
4. Blutplasma ohne Fibrinogen heißt Serum.
5. Stabkernige Granulozyten sind gealterte Formen von Granulozyten.

▶ ☐

---

154. Aufgabe

Welche Blutgruppenantikörper finden sich im Serum der Blutgruppe AB?

1. Nur Anti A
2. Nur Anti B
3. Anti A und Anti B
4. Anti 0
5. Keine Antikörper

▶ ☐

---

155. Aufgabe

Wann kann es Komplikationen im Zusammenhang mit dem Rhesus-Faktor geben?

1. Mutter Rh-positiv, Kind Rh-positiv
2. Mutter Rh-negativ, Kind Rh-negativ
3. Mutter Rh-negativ, Kind Rh-positiv
4. Kind Rh-negativ, Mutter Rh-positiv
5. Im Allgemeinen beim ersten Kind
6. Im Allgemeinen beim zweiten und den folgenden Kindern

▶ ☐

▶ ☐

---

156. Aufgabe

Ordnen Sie richtig zu, indem Sie die Kennziffer der deutschen Erklärung hinter dem entsprechenden Fremdwort in das Kästchen eintragen.

1. Vermehrung der Leukozyten
2. Verminderung der Leukozyten
3. Vermehrung der Erythrozyten
4. Vermehrung der Thrombozyten
5. Krebsartige Vermehrung von Leukozyten
6. Verminderung der Erythrozyten und des Blutfarbstoffes

Polyglobulie	☐
Leukopenie	☐
Anämie	☐
Thrombozytose	☐

---

157. Aufgabe

Welche Aussage trifft nicht zu?

1. Bei Verdacht auf eine Anämie ist die Bestimmung des Ferritinspiegels angezeigt.
2. Die Ursache einer perniciösen Anämie ist ein Vitamin-D-Mangel.
3. Bei einer Leukämie kommt es häufig zu einer Anämie.
4. Eine unzureichende Bildung von Intrinsic Factor im Magen kann zu Anämie führen.
5. Blässe, Müdigkeit und Atemnot können Symptome einer Anämie sein.

▶ ☐

158. Aufgabe

Welche der folgenden Aussagen ist zutreffend? Wählen Sie die zutreffende Kombination aus.

a) Der zentrale Vorgang bei der Blutgerinnung ist die Bildung von Fibrin aus Fibrinogen.
b) Zur Blutgerinnung ist Kalzium erforderlich.
c) Antikoagulanzien verkürzen die Gerinnungszeit.
d) Die Normalzahl für Thrombozyten beträgt vier bis fünf Millionen/μl.
e) Für Gerinnungsuntersuchungen verwendet man Blut, das mit Natriumcitrat vermischt ist.

Kombination:

1. a – b – c – d
2. a – b – e
3. a – c – e
4. b – c – d
5. c – d – e

▶ ☐

159. Aufgabe

Welche Aufgabe haben die Thrombozyten?

Sie dienen...

1. ...der Blutstillung
2. ...dem CO-Transport
3. ...dem CO_2-Transport
4. ...der Bildung von Antikörpern
5. ...dem Nährstofftransport
6. ...der Bakterienabwehr

▶ ☐

160. Aufgabe

Die Bluterkrankheit (Fehlen eines Gerinnungsfaktors) betrifft im Allgemeinen nur Männer. Worin liegt die Ursache?

1. Männer sind allgemein krankheitsanfälliger.
2. Die Krankheit ist eine Folge des hohen Testosteronspiegels.
3. Die Krankheit wird durch eine Überfunktion der Prostata ausgelöst.
4. Männer besitzen nur ein X-Chromosom. Liegt hier der Schaden, kann ein zweites normales X-Chromosom wie bei der Frau den Defekt nicht korrigieren.
5. Bei Frauen können die Ovarien den Gerinnungsfaktor produzieren.

▶ ☐

161. Aufgabe

Aus welchen Probenmaterialien können Leukozyten bestimmt werden? Wählen Sie die zutreffende Antwortkombination aus.

Probenmaterial:	Kombination:
a) EDTA-Blut	1. a – b – d
b) EDTA-Plasma	2. a – d – e
c) Serum	3. a – e
d) Citratplasma	4. b – c – d
e) Kapillarblut	5. c – d – e

---

162. Aufgabe

Wozu dient beim Mikroskop der Kondensor?

1. Vergrößerung des Objektes
2. Schutz der Augen vor zu hellem Licht
3. Gleichmäßige Ausleuchtung des Objektes
4. Höhenverlagerung des Objektes
5. Verstellung des Objektträgers

---

163. Aufgabe

Welche Bauteile des Mikroskops sind für die Vergrößerung des Objekts verantwortlich?

1. Okular und Tubus
2. Okular und Kondensor
3. Okular und Objektiv
4. Objektiv und Kondensor
5. Objektiv und Tubus

---

164. Aufgabe

Wie heißt die dem Auge nahe liegende Linse des Mikroskops?

1. Kondensorlinse
2. Objektlinse
3. Ölimmersionslinse
4. Okular
5. Objektiv

---

165. Aufgabe

Welche Funktion hat das Immersionsöl bei der Mikroskopie?

1. Es pflegt die Immersionslinse.
2. Es garantiert eine gute Haftung des Deckgläschens auf der Zählkammer.
3. Es verhindert eine zusätzliche Brechung des Lichtes.
4. Es sorgt für bessere Gleitfähigkeit des Kreuztisches.
5. Es verhindert die Eintrocknung des Präparates.

---

166. Aufgabe

Welche Aussage trifft nicht zu?

1. Zur Bestimmung des MCH benötigen Sie Leukozytenzahl/µl und Hb-Wert.
2. Die Leukozytenmischpipette hat eine weiße Mischperle.
3. Vor dem Befüllen der Zählkammer müssen Newtonsche Ringe sichtbar sein.
4. Bei der Leukozytenzählung werden vier Eckquadrate (Großquadrate) ausgezählt.
5. Der Normalwert für Leukozyten liegt bei Erwachsenen zwischen 4 000 und 10 000/µl.

▶ ☐

---

167. Aufgabe

Wie hoch ist im Normalfall der INR-Wert?

1. ca. 1
2. ca. 2
3. ca. 3
4. ca. 15
5. ca. 100

▶ ☐

---

168. Aufgabe

Wohin fließt das Blut aus der linken Herzkammer?

1. In den rechten Vorhof
2. In die Pfortader
3. In die rechte Kammer
4. In den linken Vorhof
5. In die Aorta
6. In die Lungenarterie

▶ ☐

---

169. Aufgabe

Wohin kann ein losgelöster Thrombus aus einer Vene des linken Unterschenkels vom Blutstrom getrieben werden? (Beim herzgesunden Menschen)

1. In den rechten Unterschenkel
2. In den linken Herzvorhof
3. In die Lungenarterien
4. In die Lungenvenen
5. In die Aorta
6. In das Gehirn

▶ ☐

---

170. Aufgabe

Welche Gefäße führen sauerstoffreiches Blut? Wählen Sie die richtige Kombination aus.

a) Nabelschnurvene
b) Lungenarterie
c) Pfortader
d) Lungenvenen
e) Carotis

Kombination:

1. a – b – c – e
2. a – b – d – e
3. a – d – e
4. b – c – d
5. c – d – e

▶ ☐

---

171. Aufgabe

Welche Blutgefäße entspringen aus der Aorta kurz nach ihrem Abgang aus der linken Kammer als Erste?

1. Lungenvenen
2. Lungenarterien
3. Armarterien
4. Li. und re. Carotis
5. Koronargefäße
6. Pfortader

▶ ☐

---

172. Aufgabe

In welcher Reihenfolge liegen die Schichten des Herzens von innen nach außen?

1. Endocard – Myocard – Epicard
2. Endocard – Epicard – Myocard
3. Myocard – Epicard – Endocard
4. Myocard – Endocard – Epicard
5. Epicard – Myocard – Endocard

▶ ☐

---

173. Aufgabe

Was versteht man unter Autonomie des Herzens?

---

174. Aufgabe

Was geschieht im Normalfall bei Ausfall des Sinusknotens?

1. Es kommt zum Herzinfarkt.
2. Es kommt zum Angina-pectoris-Anfall.
3. Es kommt zum Herzstillstand.
4. Der AV-Knoten übernimmt die Schrittmacherfunktion.
5. Das Hissche Bündel übernimmt die Schrittmacherfunktion.
6. Es kommt zu Kammerflimmern.

▶ ☐

---

175. Aufgabe

Welche Aussage zum Lymphsystem trifft nicht zu?

1. Die Lymphe wird in den Lymphknoten gebildet.
2. Nahrungsfette werden über das Lymphgefäßsystem aus dem Magen-Darm-Trakt abtransportiert.
3. Die großen Lymphgefäße münden in Venen.
4. In der Lymphflüssigkeit können sich Lymphozyten befinden.
6. Eine Entzündung von Lymphknoten nennt man Lympadenitis.

▶ ☐

---

176. Aufgabe

Welche Aussage zur Milz trifft nicht zu?

1. Sie gehört zum lymphatischen System.
2. Sie ist ein nicht-lebensnotwendiges Organ.
3. Sie liegt im Thoraxraum.
4. Sie liegt caudal vom Zwerchfell.
5. Sie dient als Abbauort für überaltete Erythrozyten.

---

177. Aufgabe

An welchem Blutgefäß wird üblicherweise „der Puls gefühlt“?

1. An der Arteria subclavia
2. An der Pfortader
3. An der Arteria radialis
4. An der Vena portae
5. An der Arteria femoralis
6. An der Vena subclavia

---

178. Aufgabe

Wie bezeichnet man eine Pulsfrequenz von 120/Min. beim Erwachsenen?

1. Extrasystolie
2. Tachyarrhythmie
3. Tachycardie
4. Bradycardie
5. Arrhythmie
6. normal

---

179. Aufgabe

Welche der folgenden Aussagen trifft nicht zu?

1. Wird der Blutdruck bei Kindern gemessen, muss eine schmalere Manschette verwendet werden.
2. Bei besonders großem Oberarmumfang muss der systolische und diastolische Blutdruckwert nach unten korrigiert werden.
3. Eine Langzeitblutdruckmessung umfasst sechs bzw. zwölf Stunden.
4. Bei neuen Patienten muss der Blutdruck an beiden Armen gemessen werden.
5. Der diastolische Blutdruckwert gibt den niedrigsten, während einer Herzaktion im betreffenden Blutgefäß vorliegenden Druckwert an.

---

180. Aufgabe

Zu welcher diagnostischen Technik gehört das Dopplerverfahren?

1. Elektroenzephalografie
2. Elektrokardiografie
3. Lungenfunktionsprüfung
4. Ultraschalldiagnostik
5. Röntgenuntersuchung

---

181. Aufgabe

Welche Ziffer bezeichnet die Position für die Brustwandableitung V2 beim EKG?

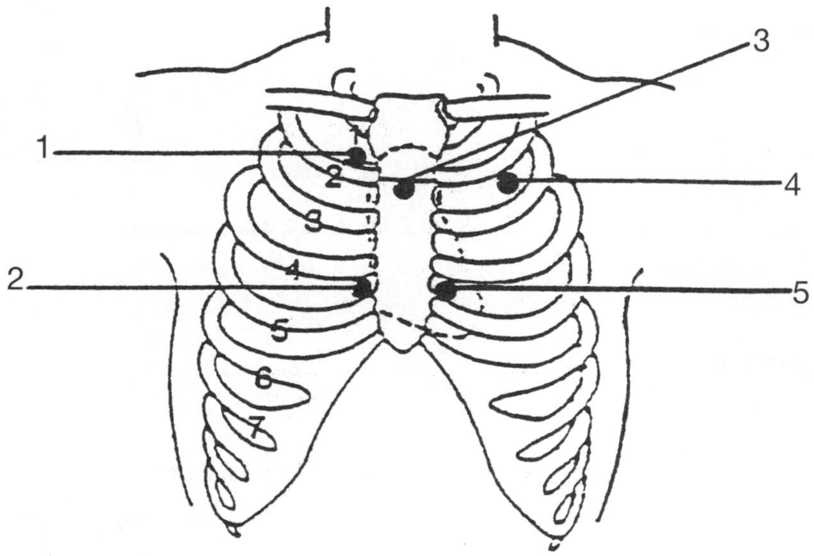

▶ ☐

---

182. Aufgabe

Wie oft muss ein Blutdruckmessgerät geeicht werden?

1. Nach Anschaffung nicht mehr
2. Innerhalb des ersten Jahres nach Anschaffung
3. Alle sechs Monate
4. Jedes Jahr
5. Alle zwei Jahre
6. Alle drei Jahre

▶ ☐

---

183. Aufgabe

Welche Aussagen zum EKG sind zutreffend? Wählen Sie die zutreffende Kombination aus.

a. das Standard-EKG umfasst 12 Ableitungen
b. bei der Extremitätenableitung ist die Elektrode am rechten Arm grün
c. für die Durchführung eines Belastungs-EKG muss ein Defibrillator bereitstehen
d. eine Hebung der ST-Strecke weist auf einen Herzinfarkt hin
e. Wechselstromüberlagerungen erkennt man an unregelmäßigen Zacken

Kombination:

1. a – b – d
2. a – c – d
3. b – c – e
4. b – d – e
5. c – d – e

▶ ☐

---

184. Aufgabe

Welche Aussage trifft <u>nicht</u> zu?

1. Bei der Coronarangiografie kommen Röntgenstrahlen zur Anwendung.
2. Ein Langzeit-EKG dauert 24 bzw. 48 Stunden.
3. Ein Stent wird bei Stenosen der Herzkranzgefäße eingesetzt.
4. Mit dem Troponintest lassen sich Rhythmusstörungen erkennen.
5. Bei einer Bypass-Operation werden verschlossene Herzkranzgefäße überbrückt.

▶ ☐

---

185. Aufgabe

Was versteht man unter Ergometrie?

1. Anfertigung eines EKG bei stufenweiser Belastungssteigerung
2. Arbeitsmedizinische Untersuchung
3. Messung des Herzschalles
4. Neurologische Untersuchung
5. Messung der Vitalkapazität

▶ ☐

186. Aufgabe

Welche Gefahr droht dem Körper beim Auftreten einer Thrombose?

1. Aorteninsuffizienz
2. Endocarditis
3. Embolie
4. Pneumothorax
5. Urämie
6. Varizen

▶ ☐

187. Aufgabe

Welche Aussage trifft nicht zu?

1. Eine Hypercholesterinämie begünstigt die Arteriosklerose.
2. Als Folge einer Arteriosklerose kann ein Schlaganfall auftreten.
3. Unter einem Aneurysma versteht man ein Loch in der Herzscheidewand.
4. Die Krankheitsbilder TIA und PRIND können Folge einer Arteriosklerose sein.
5. Als Spätfolge der Varikosis kann es zum Auftreten eines Ulcus Cruris kommen.

▶ ☐

188. Aufgabe

Übersetzen Sie die Fachbegriffe.

a. Herzinsuffizienz: ____________________

b. Myocarditis: ____________________

c. Bradycardie: ____________________

d. Lymphadenitis: ____________________

189. Aufgabe

Welche Aussagen treffen für die Nasenmuscheln nicht zu?

1. Sie liegen den medialen Nasenhöhlenwänden an.
2. Sie reinigen die Luft von Staubteilchen.
3. Sie wärmen die Luft an.
4. Sie feuchten die Luft an.
5. Im Bereich der oberen Nasenmuscheln befindet sich beiderseits das Riechorgan.
6. Die Nasenmuscheln sind mit verhorntem Plattenepithel überzogen.

▶ ☐

▶ ☐

190. Aufgabe

Wo liegen die Stimmbänder?

1. In der Epiglottis
2. In der Eustachischen Röhre
3. In der Paukenhöhle
4. Im Larynx
5. Im hinteren Nasenrachenraum
6. Beiderseits des Zäpfchens

▶ ☐

191. Aufgabe

Welches Organ trennt den Brustraum vom Bauchraum?

1. Dura Mater
2. Das Mittelfell (Mediastinum)
3. Das Beckenbindegewebe
4. Das Zwerchfell
5. Das Rippenfell
6. Das Trommelfell

▶ ☐

192. Aufgabe

Welche der folgenden Aussagen trifft nicht zu?

1. Das Atemzentrum befindet sich im verlängerten Rückenmark.
2. Bei der Inspiration verengt sich der Brustkorb und hebt sich das Zwerchfell.
3. In den Alveolen findet der Übertritt von O_2 in das Blut statt.
4. Die normale Atemfrequenz eines Erwachsenen beträgt ungefähr 16/Min.
5. Die linke Lunge weist zwei Lungenlappen auf.

▶ ☐

193. Aufgabe

Welchen Weg nimmt die Luft bei der Inspiration?

1. Larynx – Pharynx – Trachea – Bronchien – Alveolen
2. Larynx – Pharynx – Trachea – Alveolen – Bronchien
3. Pharynx – Larynx – Bronchien – Trachea – Alveolen
4. Pharynx – Larynx – Trachea – Bronchien – Alveolen
5. Trachea – Pharynx – Larynx – Bronchien – Alveolen

▶ ☐

194. Aufgabe

Wie nennt man den Vorgang, bei dem Atemvolumina gemessen werden?

1. Inhalation
2. Insufflation
3. Sonografie
4. Spirometrie
5. Szintigrafie
6. Coronarangiografie

▶ ☐

195. Aufgabe

Welches Instrument kommt bei der Punktion eines Pleuraergusses zur Anwendung?

1. Knopfsonde
2. Tiemannkatheter
3. Trokar
4. Tubus
5. Spekulum

▶ ☐

196. Aufgabe

Welche Ziffer der Abbildung kennzeichnet die Keilbeinhöhle?

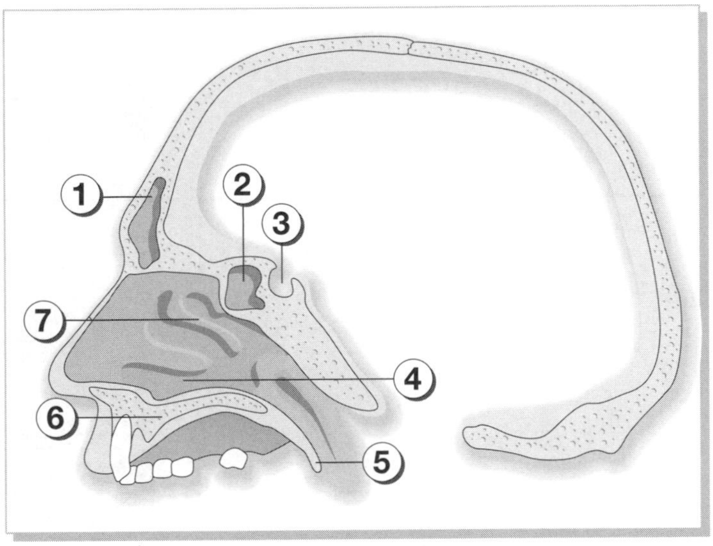

▶ ☐

197. Aufgabe

Welches Gas bildet den Hauptbestandteil unserer Atemluft?

1. Kohlendioxyd
2. Kohlenmonoxyd
3. Sauerstoff
4. Stickstoff
5. Helium
6. Ozon

▶ ☐

198. Aufgabe

Ordnen Sie richtig zu, indem Sie die Kennziffer des zutreffenden Wertes in das Kästchen beim entsprechenden Volumen eintragen (Werte gelten für einen normalen Erwachsenen).

1. 1 500 ml – 2 000 ml
2. Ca. 500 ml
3. Ca. 1 200 ml
4. Ca. 3 500 ml – 5 000 ml
5. Ca. 50 ml
6. Ca. 150 ml

Vitalkapazität	☐
Exspiratorisches Reservevolumen (Reserveluft)	☐
Atem(zug)volumen	☐

199. Aufgabe

Welcher Begriff hat <u>nichts</u> mit den Atmungsorganen zu tun?

1. Sputum
2. Dyspnoe
3. Asthma bronchiale
4. Parotitis
5. Pneumothorax

▶ ☐

200. Aufgabe

Was versteht man unter einem Pneumothorax?

1. Aufblähung einer Lungenhälfte bei tiefer Inspiration
2. Atmungsabhängige Schmerzen unter dem Sternum
3. Verlust von Alveolarfläche beim Krankheitsbild COPD
4. Zusammenfallen der Lunge in Folge des Eindringens von Luft in den Pleuraspalt
5. Verletzung des Thorax durch eine stumpfe Prellung

▶ ☐

201. Aufgabe

Ordnen Sie richtig zu, indem Sie die Kennziffer der deutschen Krankheitsbezeichnung in das Kästchen bei der zutreffenden Fachbezeichnung eintragen.

1. Nasennebenhöhlenentzündung
2. Schnupfen
3. Entzündung des Kehlkopfes
4. Entzündung des Rachens
5. Lungenentzündung
6. Brustfell-Rippenfellentzündung

Sinusitis	☐
Pneumonie	☐
Pleuritis	☐
Laryngitis	☐

202. Aufgabe

Wie nennt man die Luftmenge, die nach maximaler Einatmung maximal ausgeatmet werden kann? Wie groß ist diese Luftmenge im Durchschnitt beim Erwachsenen (75 kg)?

a. ____________________

b. ____________________

203. Aufgabe

Übersetzen Sie die Fachausdrücke.

a. Rhinitis: ____________________

b. Laryngitis: ____________________

c. Pneumonie: ____________________

d. Pleuritis: ____________________

204. Aufgabe

Wie nennt man den Bereich, an dem ein Impuls von einem Neuron auf ein anderes übergeleitet wird?

1. Ganglion
2. Schwannsche Zelle
3. Markscheide
4. Neurofibrille
5. Synapse

▶ ☐

205. Aufgabe

Ordnen Sie richtig zu, indem Sie die Kennziffer des zutreffenden Anteiles des Nervensystems in das Kästchen bei der entsprechenden Aufgabe eintragen.

1. Großhirn (Endhirn)
2. Verlängertes Rückenmark
3. Vegetatives Nervensystem
4. Peripheres Nervensystem
5. Kleinhirn
6. Balken

Sitz des Bewusstseins	☐
Atemzentrum	☐
Verbindet die beiden Großhirnhälften	☐
Steuert Tätigkeit der Eingeweide	☐

206. Aufgabe

Welche Aussage zum Nervensystem trifft <u>nicht</u> zu?

1. Sympaticus und Parasympaticus repräsentieren das vegetative Nervensystem.
2. Spinalnerven entspringen dem Rückenmark.
3. Der Mensch besitzt 16 Hirnnervenpaare.
4. Nerven sind gebündelte Nervenfasern.
5. PSR ist die Abkürzung für Patellarsehnenreflex.

▶ ☐

207. Aufgabe

Was versteht man unter einer „Commotio Cerebri“?

1. Gehirnhautentzündung
2. Gehirnerschütterung
3. Hirnquetschung
4. Gehirntumor
5. Gehirnleistungsschwäche
6. Verlust des Geschmacksinns

▶ ☐

208. Aufgabe

Was versteht man unter einem gemischten Nerv?

___

___

209. Aufgabe

Ordnen Sie richtig zu, indem Sie die zutreffende Kennziffer der deutschen Erklärung in das Kästchen bei dem entsprechenden Fachwort eintragen.

1. Hirnleistungsschwäche als Folge einer mangelnden Durchblutung
2. Absterben von Hirngewebe infolge des Verschlusses eines Blutgefäßes
3. Halbseitenlähmung
4. Starke Schmerzen infolge des Entzündungszustandes eines oder mehrerer Gesichtsnerven
5. Lähmung eines motorischen Gesichtsnerves

Trigeminusneuralgie	☐
Facialisparese	☐
Zerebrovasculäre Insuffizienz	☐

210. Aufgabe

Welche der folgenden Aussagen sind zutreffend? Wählen Sie die richtige Kombination aus.

a) Beim Apoplex kommt es häufig zu einer Querschnittlähmung.
b) Der deutsche Ausdruck für Multiple Sklerose ist Kinderlähmung.
c) Ein typisches Symptom für die Parkinsonerkrankung ist das Zittern.
d) Bei der Enzephalitis handelt es sich um eine Hirnhautentzündung.
e) Ein Symptom der Alzheimer-Erkrankung ist die zunehmende Demenz.

Kombination:

1. a – b – d
2. a – b – e
3. b – c – d
4. b – c – e
5. c – e

▶ ☐

---

211. Aufgabe

Welche Aussage zur Ersten Hilfe trifft nicht zu?

1. Der Rautek-Handgriff dient zum Freimachen der Atemwege.
2. Zum Freihalten der Atemwege kann ein Guedeltubus Verwendung finden.
3. Bei Abwesenheit des Arztes in der Praxis muss für einen Patienten mit Verdacht auf einen Herzinfarkt der Notarzt angefordert werden.
4. Ein Patient, der bei der Blutentnahme kollabiert, wird in die Schocklage gebracht.
5. Bei einer Augenverätzung muss sofort mit Wasser gespült werden.

▶ ☐

---

212. Aufgabe

Während der Abwesenheit Ihres Chefs (dringender Hausbesuch) kommt ein Patient mit einem Asthmaanfall in die Praxis. Welche Maßnahmen halten Sie für richtig? Wählen Sie die richtige Kombination aus.

a) Patient darf einen Asthmaspray (ärztlich verordnet), den er bei sich trägt, verwenden
b) Patient erhält ein Beruhigungsmittel
c) Patient in stabile Seitenlage bringen
d) Patient in Schocklage bringen
e) Lagerung des Patienten bei hochgelagertem Oberkörper

Kombination:

1. a – b – c
2. a – b – e
3. a – e
4. b – c
5. b – d

▶ ☐

---

213. Aufgabe

Welche der folgenden Aussagen zum Schock trifft nicht zu?

1. Beim Herzversagen kann es zum kardiogenen Schock kommen.
2. Schockindex $= \frac{\text{Pulsfrequenz/Minute}}{\text{Systolischer Blutdruck in mmHg}}$
3. Bei allergischen Überreaktionen kann es zum anaphylaktischen Schock kommen.
4. Ein Schock ist gekennzeichnet durch kalte und blasse Haut sowie kalten Schweiß.
5. Die Schocklage nennt man auch stabile Seitenlage.

▶ ☐

---

214. Aufgabe

Welche Aussage zur Notfallbehandlung trifft zu?

1. Im ABC-Schema für Notfälle bedeutet B „Bewusstlosigkeit abklären“.
2. Das Überstrecken des Kopfes stellt sicher, dass Erbrochenes ablaufen kann.
3. Das AED-Gerät dient zur Sicherung der Atmung.
4. Für die Intubation wird ein Otoskop verwendet.
5. Bei der HLW (Herz-Lungen-Wiederbelebung) soll der Thorax 4 bis 5 cm eingedrückt werden.

▶ ☐

---

215. Aufgabe

Warum führt der Arzt bei einem bewusstlosen Patienten eine Intubation durch?

1. Zur Anregung der Herztätigkeit
2. Zur Beseitigung eines Volumenmangelschocks
3. Zur Entlastung des kleinen Kreislaufs
4. Zur Sicherung der Atmung
5. Zum Schutz vor einer möglichen Bissverletzung im Bereich der Zunge

▶ ☐

---

216. Aufgabe

Bei Bewusstlosen kann es durch Verlagerung des Zungengrundes zum Verschluss der Atemwege kommen. Wie kann diese Komplikation vermieden werden?

1. Durch Überstrecken des Kopfes und Anheben des Unterkiefers
2. Durch das Herbeiführen einer Schocklage
3. Durch Einblasen von Luft in die Nase
4. Durch seitliches Drehen des Kopfes im Bereich der Halswirbelsäule
5. Durch Hochlagerung des Oberkörpers

▶ ☐

---

217. Aufgabe

Was versteht man unter Elektrodefibrillation im Rahmen der Notfallmedizin?

1. Anregung der Atemtätigkeit durch Stimulation des Zwerchfells
2. Unterbrechung eines Kammerflimmerns durch einen Stromstoß
3. Anregen der Hirnströme
4. Notfallanpassung eines Herzschrittmachers
5. Unterdrücken einer Sinusknotenarrythmie durch Gleichstromimpulse

▶ ☐

---

218. Aufgabe

Welche Aussage zur Herz-Lungen-Wiederbelebung (HLW) trifft nicht zu?

1. Bei einer Unterbrechung der Sauerstoffzufuhr von mehr als 3 Minuten muss mit einer Schädigung des Gehirns gerechnet werden.
2. Die Frequenz bei der CPR (cardio-pulmonale Reanimation) beträgt 100 Druckstöße pro Minute.
3. Bei der CPR an Erwachsenen beträgt das Verhältnis von Beatmung zu Herz-Druck-Massage 2:30.
4. Bei einem bewusstlosen Patienten muss sofort mit der Herz-Lungen-Wiederbelebung begonnen werden.
5. Die Reanimation beginnt beim Erwachsenen mit der Thoraxkompression.

▶ ☐

---

219. Aufgabe

Welche Aussage trifft nicht zu?

1. Amputierte Gliedmaße (z. B. Finger) werden in einen Plastikbeutel gepackt; dieser wird in einem mit Eiswasser gefüllten Behälter gelagert.
2. Bei einer Verletzung von großen venösen Blugefäßen kann eine Blutstillung mit einem Kompressionsverband im Allgemeinen nicht erreicht werden.
3. Bei Blutungen an Arm, Finger oder Händen ist es sinnvoll, die betroffene Extremität in die Höhe zu halten.
4. Verletzungen einer Arterie sind am stoßweisen Austritt des Blutes und an der hellroten Farbe des Blutes erkennbar.
5. Den Blutungsschock kann man auch als hypovolämischen Schock bezeichnen.

▶ ☐

---

220. Aufgabe

Wo lässt sich beim bewusstlosen Patienten am sichersten der Puls testen?

---

221. Aufgabe

Was versteht man unter Vitalfunktionen? Führen Sie die drei Beurteilungskriterien an.

---

222. Aufgabe

Wie heißen die sechs mit „W“ beginnenden Sätze des Notrufmeldeschemas? Setzten Sie den wichtigsten Satz an den Anfang und unterstreichen Sie ihn.

a.

b.

c.

d.

e.

f.

Lernfeld 8: Patienten bei diagnostischen und therapeutischen Maßnahmen der Erkrankungen des Urogenitalsystems begleiten

223. Aufgabe

Wo liegen die Harnleiter?

1. In der Prostata
2. Zwischen Hoden und Prostata
3. Zwischen Niere und Nierenbecken
4. Zwischen Harnblase und Vorhaut
5. Zwischen Nierenbecken und Harnblase
6. Zwischen Harnblase und Vorsteherdrüse

---

224. Aufgabe

Wie folgen bei der Bildung von Primärharn zum Endharn in der richtigen Reihenfolge die einzelnen Anteile des Nephron?

1. Glomerulum – Bowmansche Kapsel – Nierenkanälchen (Tubulus)
2. Bowmansche Kapsel – Glomerulum – Nierenkanälchen
3. Nierenkanälchen – Bowmansche Kapsel – Glomerulum
4. Henlesche Schleife – Bowmansche Kapsel – Nierenkanälchen
5. Glomerulum – Henlesche Schleife – Bowmansche Kapsel

---

225. Aufgabe

Was gehört zu einem Nierenkörperchen (Malphigi-Körperchen)?

1. Bowmansche Kapsel
2. Nierenpapille
3. Henlesche Schleife
4. Glomerulum
5. Nierenkelch

---

226. Aufgabe

In welchem Abschnitt der Niere wird der Primärharn gebildet?

1. Im Nierenbecken
2. In den Nierenpapillen
3. In den Nierenkörperchen
4. In der Nierenrinde
5. Im Nierenmark

---

227. Aufgabe

Mit welcher Ziffer sind in der Abbildung die Nierenpapillen gekennzeichnet?

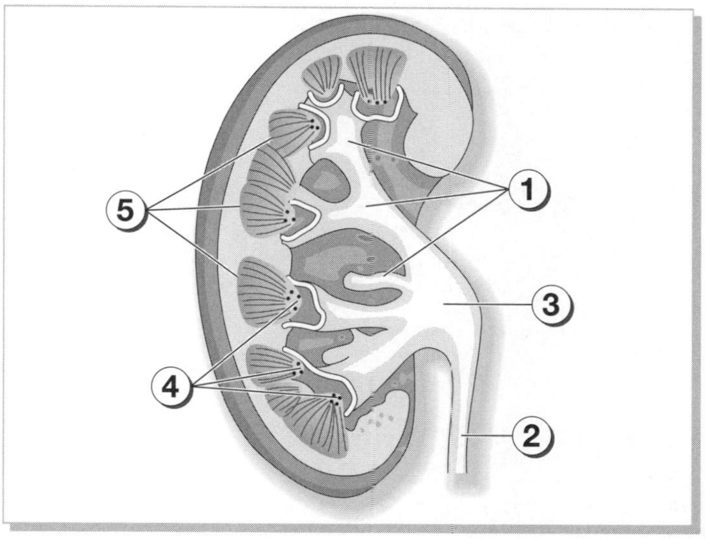

---

228. Aufgabe

Welche Aussage über den Weg des Harns von den Nierenpapillen bis zur Ausscheidung ist zutreffend?

1. Nierenbecken, Nierenkelche, Harnleiter, Harnblase, Harnröhre
2. Nebenniere, Nierenkelche, Harnblase, Harnröhre
3. Nierenbecken, Nierenkelch, Harnröhre, Harnblase, Harnleiter
4. Nierenbecken, Harnblase, Prostata, Harnröhre
5. Nierenkelch, Nierenbecken, Harnleiter, Harnblase, Harnröhre

---

229. Aufgabe

Welche Aussage über den Harnapparat trifft nicht zu?

1. Die Bowman'schen Kapseln liegen in der Nierenrinde.
2. Der Ureter verbindet Nierenbecken und Harnblase.
3. Die Prostata umschließt die Harnröhre des Mannes.
4. Die rechte Niere liegt im Normalfall höher als die linke Niere.
5. Die Harnblase hat normal ein Fassungsvermögen von 300–500 ml.

---

230. Aufgabe

Ordnen Sie richtig zu, indem Sie die zutreffende Kennziffer des angeführten Anteils der Niere in das Kästchen bei der zugehörigen Aufgabe eintragen.

1. Nierenrinde
2. Nierenmark
3. Nierenbecken
4. Ureter
5. Urethra

Enthält die Nierenkörperchen ☐

Enthält die Nierenkanälchen und Sammelrohre ☐

Leitet den Urin vom Nierenbecken zur Blase ☐

231. Aufgabe

Welches Instrument stellt die folgende Abbildung dar?

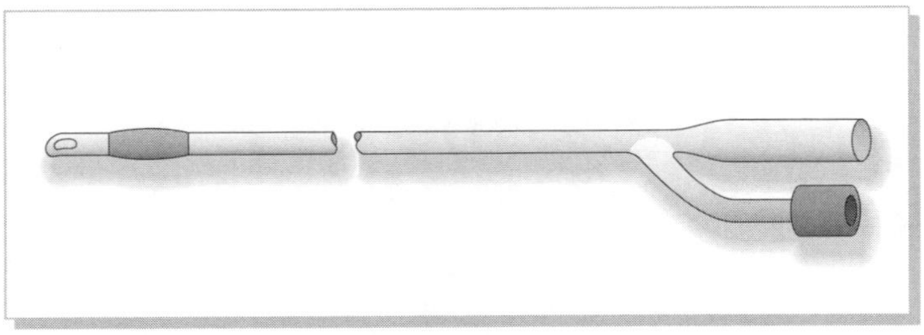

1. Einen Thiemannkatheter
2. Eine Magensonde
3. Einen Verweilkatheter
4. Einen Nelatonkatheter
5. Eine Duodenalsonde
6. Ein Darmrohr

▶ ☐

---

232. Aufgabe

Warum ist bei einer ausgeprägten Prostatahypertrophie das Harnlassen erschwert?

1. Weil die Prostata die Harnröhre einengt
2. Weil die Prostata die Samenleiter einengt
3. Weil die Prostata zu viel Harn resorbiert
4. Weil die Prostata die Harnleiter einengt
5. Weil die Prostata die Harnproduktion drosselt
6. Weil die Prostata die Harnblase einengt

▶ ☐

---

233. Aufgabe

Wie heißt der Fachausdruck für das Krankheitsbild „Nierenbeckenentzündung"?

1. Cystitis
2. Urethritis
3. Pyelitis
4. Nephrose
5. Glomerulonephritis
6. Nephrolithiasis

▶ ☐

---

234. Aufgabe

Mit welchem Begriff bezeichnet man eine Harnvergiftung?

1. Haematurie
2. Pollakisurie
3. Anurie
4. Urämie
5. Polyurie

▶ ☐

---

235. Aufgabe

Benennen Sie die Abbildung.

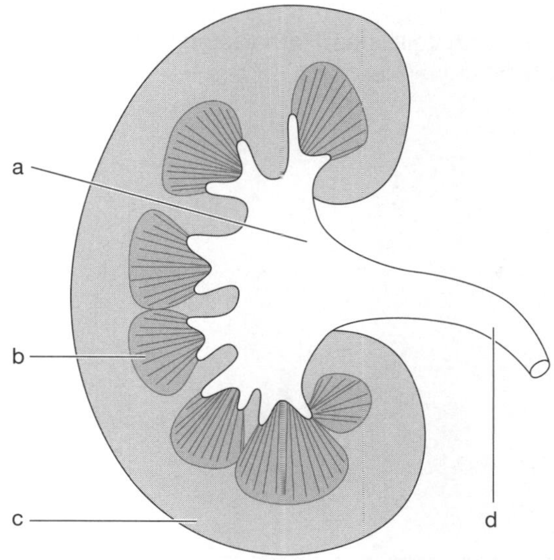

a. ______

b. ______

c. ______

d. ______

---

236. Aufgabe

Übersetzen Sie die Fachausdrücke.

a. Harninkontinenz: ______

b. Nykturie: ______

c. Polyurie: ______

d. Miktion: ______

---

237. Aufgabe

Bei der allgemeinen Beurteilung eines Urins stellen Sie eine Trübung und einen übelriechenden, stechenden Geruch fest. Um welchen Bestandteil kann es sich handeln?

1. Glukose
2. Bilirubin
3. Bakterien
4. Keton
5. Blut

▶ ☐

---

238. Aufgabe

Ein Harn ist intensiv gelb bis bierbraun. Welcher Bestandteil ist vermutlich erhöht?

______

239. Aufgabe

Welche der genannten Bestandteile des Harns kann man mit der Teststreifenuntersuchung nicht nachweisen? Wählen Sie die zutreffende Antwortkombination aus.

a) Urobilinogen
b) Bakterien
c) Plattenepthelien
d) Leukozyten
e) Hefezellen

Kombination:

1. a – b – d
2. a – b – e
3. b – c – d
4. c – d – e
5. c – e

---

240. Aufgabe

Welche Aussage zum Urinteststreifen trifft nicht zu?

1. Bei Urinteststreifen muss das Verfallsdatum beachtet werden.
2. Vor der Untersuchung muss der Urin gemischt werden.
3. Die Röhre ist sofort nach der Teststreifenentnahme zu verschließen.
4. Die Eintauchzeit des Teststreifens in den Urin beträgt 60 Sekunden.
5. Die Testfelder dürfen nicht mit der Hand berührt werden.

---

241. Aufgabe

Welche Aussage zu pH-Wert des Urins trifft zu?

1. Der pH-Wert im Urin ist abhängig von der Flüssigkeitszufuhr.
2. Der pH-Wert im Urin ist normalerweise zwischen 5 und 6.
3. Der pH-Wert im Urin zeigt bei bakterieller Verunreinigung meistens eine saure Reaktion an.
4. Der pH-Wert im Urin zeigt bei vegetarischer Ernährung vorwiegend eine saure Reaktion an.
5. Ein pH-Wert im alkalischen Bereich liegt bei 1.

---

242. Aufgabe

Welche Ziffer gibt die richtige Reihenfolge bei der Harnsedimentherstellung an? Wählen Sie die richtige Kombination aus.

a) Mit einem Deckglas abdecken
b) Fünf Minuten bei 1 500–2 000 Umdrehungen pro Minute zentrifugieren
c) Entstandenen Bodensatz resuspendieren
d) Gemischten Urin in Zentrifugenröhrchen füllen
e) Urin zügig dekantieren
f) Einen Tropfen auf einen Objektträger geben

Kombination:

1. e – a – b – c – d – f
2. d – b – e – c – f – a
3. d – c – b – e – f – a
4. c – d – b – e – f – a
5. d – c – b – f – e – a

---

243. Aufgabe

In welcher Zeit muss frisch produzierter Urin untersucht werden? (Keine Kühlung)

1. 15 Minuten
2. 30 Minuten
3. 1 Stunde
4. 2 Stunden
5. 6 Stunden

▶ ☐

---

244. Aufgabe

Vor der Untersuchung mit einem Mehrfachteststreifen steht eine Urinprobe längere Zeit in der Sonne. Welcher Parameter ist besonders lichtempfindlich und könnte sich ändern?

1. Glukose
2. Nitrit
3. Eiweiß
4. pH-Wert
5. Bilirubin

▶ ☐

---

245. Aufgabe

Welche Aussagen zum Harnsediment sind zutreffend? Wählen Sie die richtige Kombination aus.

a) Das Sediment wird bei einer 400-fachen Vergrößerung beurteilt.
b) Erythrozyten erkennt man an der runden Form und dem doppeltkonturierten Rand.
c) Hefezellen haben keine diagnostische Bedeutung.
d) Zehn Plattenepithelien pro Blickfeld sind pathologisch.
e) Die Kondensorblende ist bei der Sedimentbeurteilung nach oben gestellt.

Kombination:

1. a – b – e
2. a – b
3. b – c – d
4. b – d – e
5. c – d – e

▶ ☐

---

246. Aufgabe

Mit einem Urinteststreifen wurde Nitrit positiv ermittelt. Um welche Bestimmung handelt es sich?

1. Ganz genaue Messung
2. Qualitative Messung
3. Quantitative Messung
4. Semiquantitative Messung
5. Ungefähre Messung

▶ ☐

---

247. Aufgabe

Welche Ziffer der Abbildung bezeichnet...

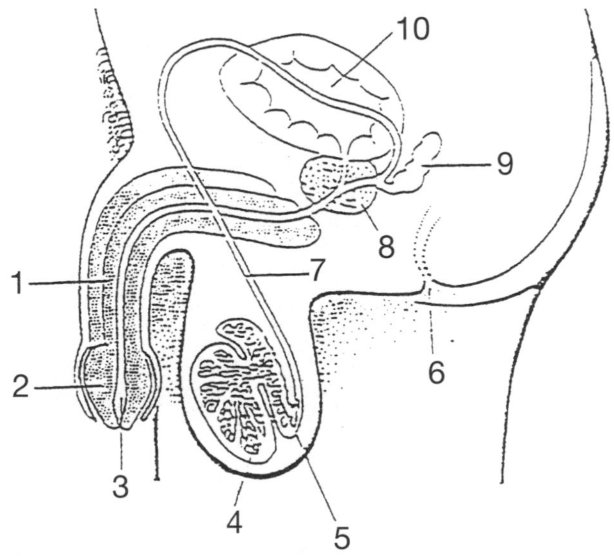

... die Urethra?	☐
... die Prostata?	☐
... den Nebenhoden?	☐

248. Aufgabe

Wo mündet der Samenleiter in die Urethra?

1. Im Bereich der Vorhaut
2. Im Bereich der Schwellkörper
3. Caudal von der Symphyse
4. Im Bereich der Prostata
5. Im Bereich der cowperschen Drüsen

▶ ☐

249. Aufgabe

Welches Hormon produzieren die „leydigschen Zwischenzellen"?

1. Östrogen
2. Adrenalin
3. Testosteron
4. Kortison
5. Progesteron
6. Thyroxin

▶ ☐

250. Aufgabe

Welche Organe liegen im Hodensack?

1. Penis
2. Hoden und Nebenhoden
3. Nebenhoden und Prostata
4. Samenbläschen und Prostata
5. Harnblase
6. Nebenhoden und Harnleiter

▶ ☐

251. Aufgabe

Welche Aussage trifft nicht zu?

1. Die Spermiogenese findet in den Hoden statt.
2. Bei der Orchitis liegt eine Entzündung des Nebenhodens vor.
3. Der PSA-Wert kann einen Hinweis auf das Vorliegen eines Prostata-Karzinoms geben.
4. Bei einer Balanitis handelt es sich um eine Entzündung von Eichel und Vorhaut.
5. Unter Circumcision versteht man die operative Entfernung der Vorhaut.

▶ ☐

---

252. Aufgabe

Warum ist bei einer Prostatahypertrophie das Wasserlassen erschwert?

1. Weil die Prostata die Harnblase umschließt
2. Weil die Prostata die Harnröhre einengt
3. Weil die Prostata den Samenleiter einengt
4. Weil die Prostata die Harnbildung verhindert
5. Weil die Prostata Harnflüssigkeit resorbiert
6. Weil die Prostata auf die Harnleiter drückt

▶ ☐

---

253. Aufgabe

Zu den Adnexen gehören

1. Vagina und Uterus
2. Uterus und Tuben
3. Ovarien und Vagina
4. Tuben und Ovarien
5. Vulva und Bartholinische Drüsen
6. Urethra und Vagina

▶ ☐

---

254. Aufgabe

Welche Ziffer der Abbildung kennzeichnet das Rektum?

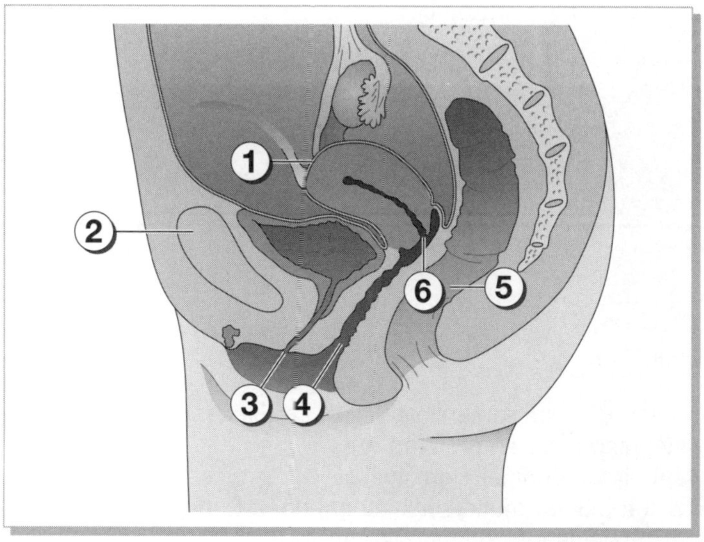

▶ ☐

255. Aufgabe

Welche der folgenden Aussagen trifft nicht zu?

1. Die „Antibabypille“ besteht normalerweise aus Östrogen und Progesteron.
2. Progesteron wird in der Hypophyse gebildet.
3. Östrogen ist das wesentliche Hormon der 1. Zyklushälfte.
4. Der Basaltemperaturanstieg erfolgt ca. 24 Stunden nach dem Eisprung.
5. Die Hypophyse steuert übergeordnet den weiblichen Zyklus.

▶ ☐

---

256. Aufgabe

Wann findet der Follikelsprung statt?

1. Bei der Geburt
2. Nach dem Anstieg der Basaltemperatur
3. Vor dem Anstieg der Basaltemperatur
4. Nach der Empfängnis
5. Zu Beginn der Periodenblutung
6. Während der Schwangerschaft

▶ ☐

---

257. Aufgabe

Welche Ziffer der Abbildung bezeichnet ...

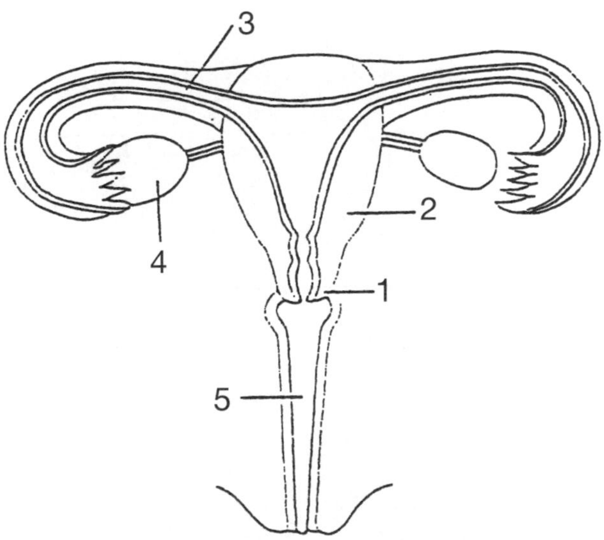

... den Uterus?	☐
... die Portio?	☐
... das Ovar?	☐

---

258. Aufgabe

Welche Aussage trifft nicht zu?

1. Die Vereinigung von Ei- und Samenzelle findet im Eileiter statt.
2. Die Scheide weist einen sauren pH-Wert auf.
3. Der Uterus ist ein birnenförmiger Hohlmuskel.
4. Der Fachausdruck für Gebärmutterschleimhaut heißt Endometrium.
5. Das Fachwort für Scheidenentzündung ist Vulvitis.

▶ ☐

---

259. Aufgabe

Was versteht man unter der „Gelbkörperhormonphase“?

1. Die Zeit zwischen Follikelsprung und Periodenblutung
2. Die Menstruationszeit
3. Die Zeit zwischen Menstruationsende und Follikelsprung
4. Die Gelbfärbung von Haut und Skleren
5. Die Gelbfärbung von Neugeborenen mit Rh-Unverträglichkeit
6. Die Zeit nach der Menopause

▶ ☐

---

260. Aufgabe

Welchen Tag bezeichnet man als den 1. Tag des weiblichen Zyklus?

1. Den ersten Tag nach Aufhören der Menstruationsblutung
2. Den ersten Tag nach Ausbleiben einer Menstruationsblutung
3. Den ersten Tag der Menstruationsblutung
4. Den ersten Tag der Sekretionsphase
5. Den Tag der Ovulation
6. Den letzten Tag der Menstruationsblutung

▶ ☐

---

261. Aufgabe

Wo werden die Gonadotropine gebildet?

1. Niere
2. Nebenniere
3. Uterus
4. Hoden
5. Eierstock
6. Hypophysenvorderlappen

▶ ☐

---

262. Aufgabe

Welches Instrument stellt die folgende Abbildung dar?

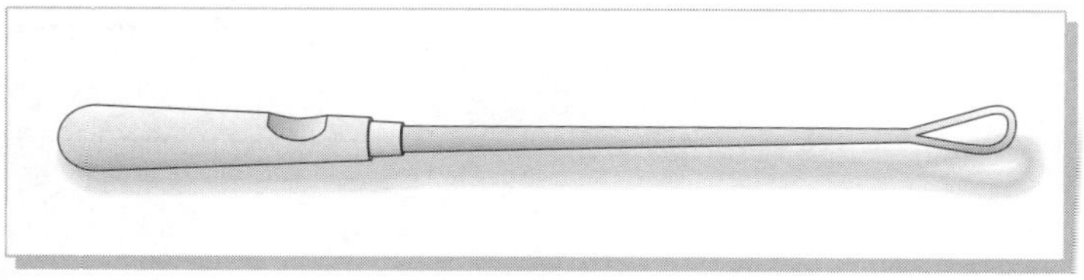

1. Eine Kürette
2. Einen scharfen Löffel
3. Einen Fadenzieher
4. Eine Uterussonde
5. Einen Tupferhalter
6. Einen Warzenentferner

▶ ☐

---

263. Aufgabe

Wozu verwendet man Spekula:

1. Bei der Untersuchung der Harnröhre und Blase
2. Bei der Untersuchung des Augenhintergrundes
3. Bei der Punktion eines Gelenkes
4. Bei der Untersuchung der Nase
5. Bei der Untersuchung der Scheide und des Gebärmuttermundes
6. Bei der Sondierung des Magens

264. Aufgabe

Was versteht man unter einer Adnexitis?

1. Entzündung der Vagina
2. Entzündung der bartholinischen Drüsen
3. Entzündung des Uterus
4. Entzündung der Vulva
5. Entzündung von Eierstock und Eileiter
6. Entzündung der Blase

265. Aufgabe

Welche Aussage trifft nicht zu?

1. Bei der natürlichen Schwangerschaftsverhütung wird die Basaltemperatur gemessen.
2. Spermien haben eine Lebensdauer von bis zu 72 Stunden.
3. Die Verwendung eines Präservativs gehört zu den Barrieremethoden.
4. Bei der Vasektomie werden die Eileiter unterbunden.
5. Eine gefürchtete Nebenwirkung der hormonellen Kontrazeption ist die Thrombose.

266. Aufgabe

Was versteht man unter endokrinen Drüsen?

1. Befinden sich in Hohlorganen
2. Spezielle Drüsen des Dünndarms
3. Befinden sich in der Uteruswand
4. Geben ihr Sekret direkt in die Blutbahn ab
5. Befinden sich in den Atemwegen

267. Aufgabe

Was versteht man unter Dysmenorrhoe?

1. Ausbleiben der Regelblutung
2. Verringerte Regelblutung
3. Verstärkte Menstruation
4. Ausbleiben der Regelblutung im Alter
5. Beginn der Regelblutung in der Jugend
6. Schmerzhafte Regelblutung

268. Aufgabe

Wo ist das Fachwort falsch übersetzt?

1. Extrauteringravidität – Schwangerschaft außerhalb der Gebärmutter
2. Abort – Abgang
3. Kolpitis – Scheidenentzündung
4. Fluor vaginalis – Tumor der Scheide
5. Mastopathie – gutartige Erkrankung der Brust

▶ ☐

---

269. Aufgabe

Welche Hormone werden im Eierstock gebildet?

a. ____________________

b. ____________________

---

270. Aufgabe

In welche Stadien teilt man den Menstruationszyklus ein?

a. ____________________

b. ____________________

c. ____________________

d. ____________________

---

271. Aufgabe

Was sind Hormone (Bildung, Transport, Wirkung)?

____

____

____

____

____

---

272. Aufgabe

Wie lange dauert normalerweise eine menschliche Schwangerschaft?

1. 180 Tage
2. 196 Tage
3. 250 Tage
4. 280 Tage
5. 296 Tage
6. 350 Tage

▶ ☐

273. Aufgabe

Unter einer Extrauteringravidität versteht man...

1. ...unter Östrogeneinfluss wachsende Myome
2. ...das Ausbleiben der Menstruation durch Einnahme der „Pille“
3. ...Störungen des sauren Scheidenmilieus durch Östrogenmangel
4. ...eine Schwangerschaft außerhalb der Gebärmutter
5. ...Vermehrung des Milchdrüsengewebes in der weiblichen Brust

▶ ☐

---

274. Aufgabe

Welche Aussage trifft nicht zu?

1. Die Einnistung des Eis in der Gebärmutterschleimhaut erfolgt ca. fünf Tage nach der Befruchtung.
2. Beim hormonellen Schwangerschaftstest wird β-hCG nachgewiesen.
3. Die Embryonalzeit umfasst die ersten zwölf Schwangerschaftswochen.
4. Das APGAR-Schema beurteilt die Lebensfrische des Neugeborenen.
5. Das CTG (Cardiotokogramm) dient der Fruchtwasseruntersuchung.

▶ ☐

---

275. Aufgabe

Welche Aussage zum Schwangerschaftstest trifft nicht zu?

1. Für die Durchführung eines Schwangerschaftstests eignen sich Blut und Urin.
2. Drei Wochen nach der Konzeption (Empfängnis) kann erstmalig mit einem positiven Ergebnis beim immunologischen Schwangerschaftstest gerechnet werden.
3. Die Verwendung des ersten Morgenurins sichert eine höchstmögliche β-hCG-Konzentration.
4. Moderne Schwangerschafttests sind meistens Kasettentests.
5. Bei bestimmten Tumoren kann der Schwangerschaftstest positiv sein.

▶ ☐

Lernfeld 9: Patienten bei diagnostischen und therapeutischen Maßnahmen der Erkrankungen des Verdauungssystems begleiten

Abbildung zur 276. bis 279. Aufgabe

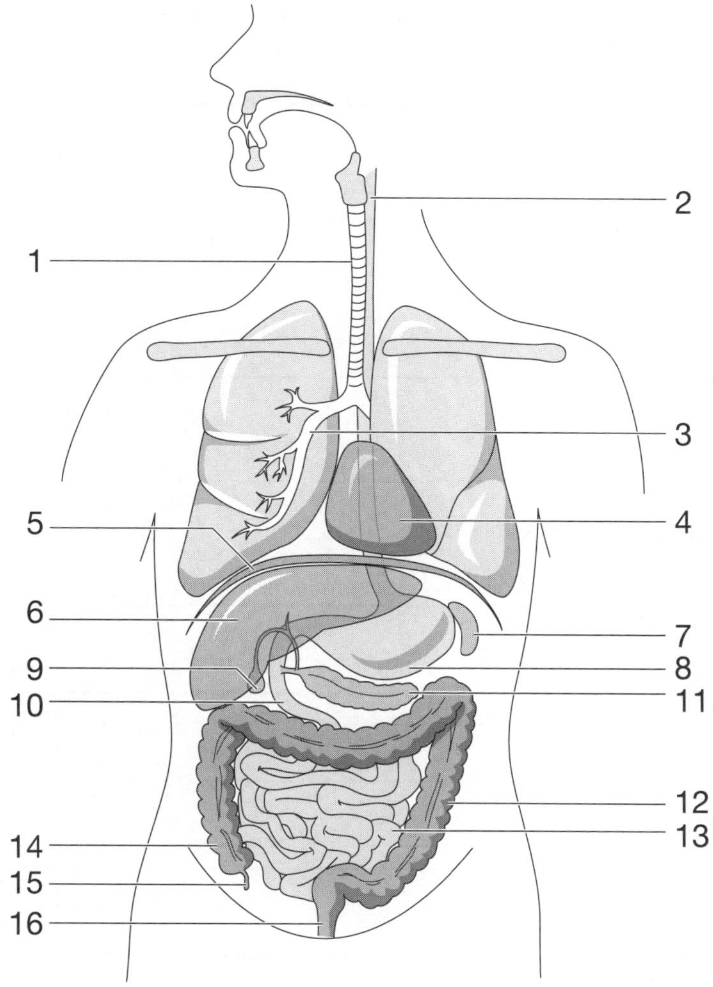

276. Aufgabe

Tragen Sie die zutreffenden Kennziffern aus der Abbildung in die Kästchen ein.

Zwerchfell	☐
Zwölffingerdarm	☐
Rectum	☐
Pankreas	☐

Lernfeld 9

277. Aufgabe

Tragen Sie die zutreffenden Kennziffern aus der Abbildung in die Kästchen ein.

Oesophagus	☐
Magen	☐
Dünndarm (Ileum)	☐
Bronchien	☐

278. Aufgabe

Tragen Sie die zutreffenden Kennziffern aus der Abbildung in die Kästchen ein.

Leber	☐
Appendix	☐
Gallenblase	☐
Herz	☐

279. Aufgabe

Tragen Sie die zutreffenden Kennziffern aus der Abbildung in die Kästchen ein.

Trachea	☐
Blinddarm (Caecum)	☐
Milz	☐
Dickdarm	☐

280. Aufgabe

Welche Ziffern der Abbildung bezeichnen eine Verdauungsdrüse?

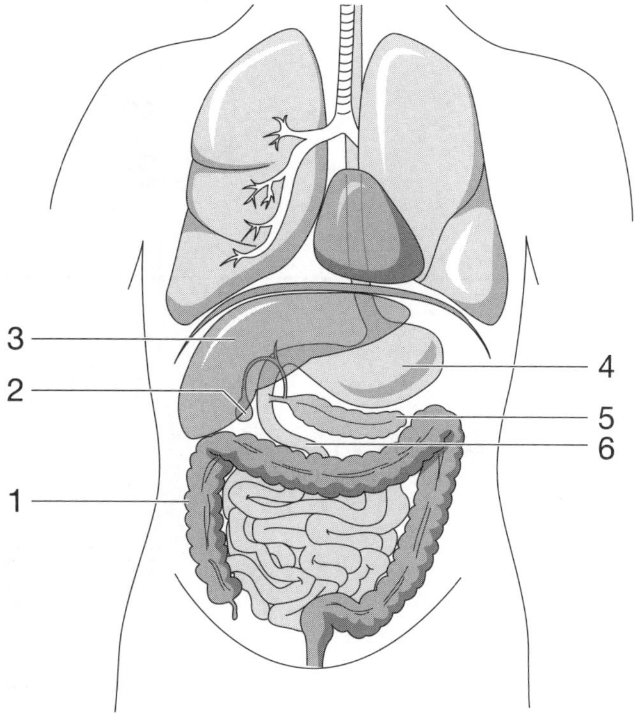

Tragen Sie die entsprechenden Kennziffern in die Kästchen ein.

---

281. Aufgabe

Welche Ziffer der Abbildung zeigt das Dentin (Zahnbein)?

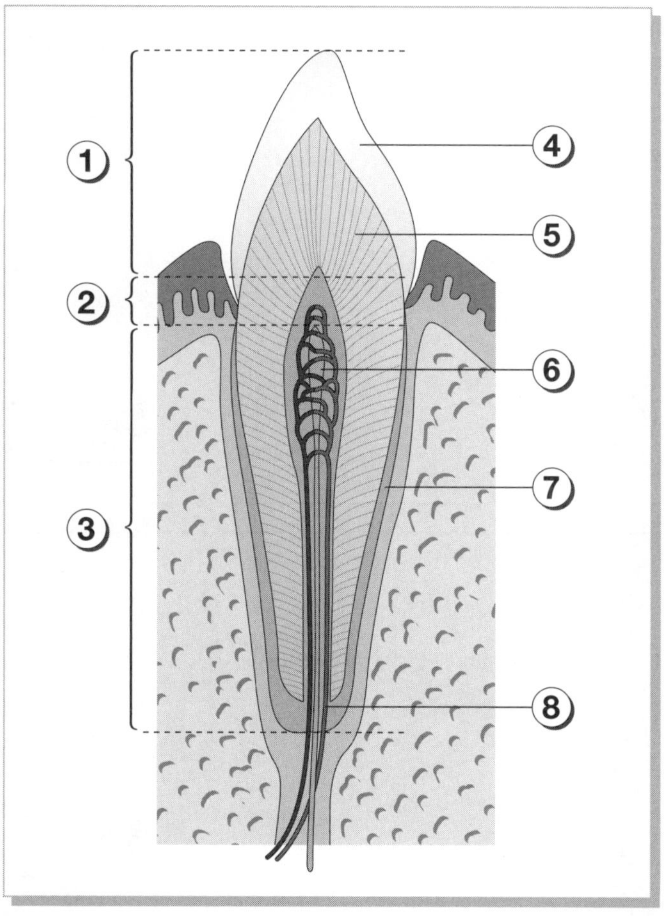

Lernfeld 9

282. Aufgabe

Welche Bedeutung hat die Gallenblase?

1. Fettemulgierung
2. Bildung von Gallensaft
3. Speicherung von Gallensaft
4. Abbau von Bilirubin
5. Abbau von Gallensaft
6. Eindickung des Gallensaftes

---

283. Aufgabe

Welche chemische Verdauung beginnt in der Mundhöhle?

1. Spaltung von Kohlenhydraten in Traubenzucker
2. Spaltung von Malzzucker in Monosaccharide
3. Spaltung von Fetten in Fettsäuren
4. Spaltung von Stärke in Malzzucker
5. Spaltung von Eiweiß in Aminosäuren
6. Spaltung von Eiweißstoffen in Vitamine

---

284. Aufgabe

Welches Organ kann als die „chemische Zentralstation" des Körpers bezeichnet werden?

1. Bauchspeicheldrüse
2. Nieren
3. Gallenblase
4. Darm
5. Leber

---

285. Aufgabe

Was sind Peptide?

1. Fettsäuren
2. Eiweißbausteine
3. Kohlenhydratbestandteile
4. Fettbestandteile
5. Vitamine
6. Hormone

---

286. Aufgabe

Wie heißt das Ferment (= Enzym) des Mundspeichels?

1. Pepsin
2. Ptyalin
3. Pankreatin
4. Trypsin
5. Erepsin
6. Sputum

---

287. Aufgabe

Welcher Magenanteil grenzt cranial an das Zwerchfell?

1. Magenfundus
2. Corpus
3. Pylorus
4. Kleine Kurvatur
5. Antrum

▶ ☐

---

288. Aufgabe

Was stellt diese vielfach vergrößerte Abbildung dar?

Ein Stück aus ...

1. ... der Gallenblase
2. ... der Oberhaut
3. ... einem Nasenpolypen
4. ... der Dünndarmwand
5. ... dem Bronchialsystem

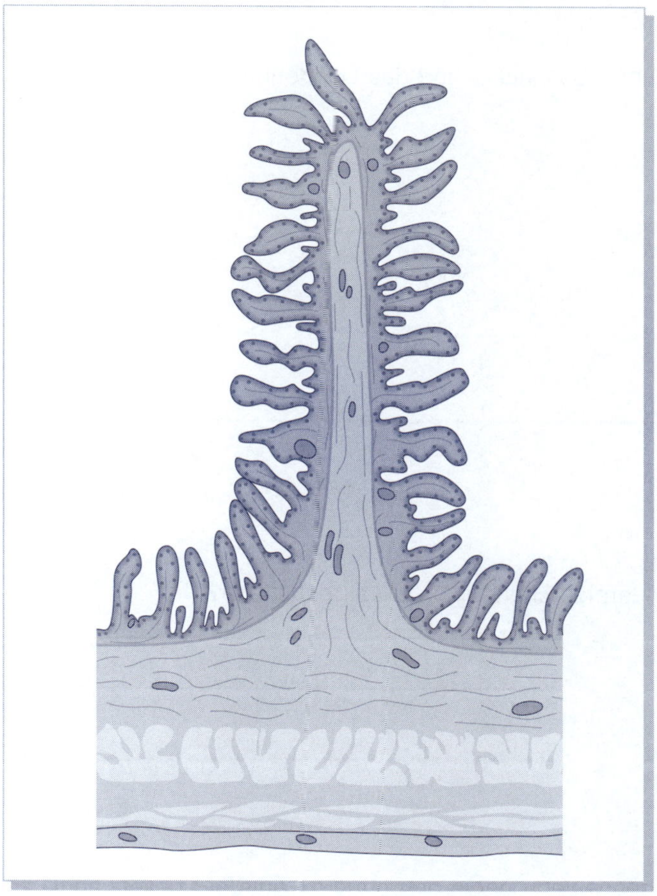

▶ ☐

---

289. Aufgabe

In welchem Verdauungsabschnitt beginnt die Eiweißverdauung?

1. In der Bauchspeicheldrüse
2. In der Mundhöhle
3. In der Leber
4. Im Magen
5. Im Duodenum
6. Im Dünndarm

▶ ☐

290. Aufgabe

Was ist ein Enzym?

1. Ein Wirkstoff innersekretorischer Drüsen
2. Ein Stoffwechselabbauprodukt
3. Ein Hormon
4. Ein Elektrolyt
5. Ein Gen
6. Ein Biokatalysator

▶ ☐

---

291. Aufgabe

Zu welchem Verdauungsabschnitt gehört das Duodenum?

1. Zum Pylorus
2. Zur Pfortader
3. Zum Peritoneum
4. Zum Dünndarm
5. Zum Dickdarm
6. Zur Leber

▶ ☐

---

292. Aufgabe

Wie heißen die dünndarmdurchgängigen Eiweißbausteine?

1. Trypsin
2. Glykogen
3. Lipide
4. Pepsin
5. Harnsäuren
6. Aminosäuren

▶ ☐

---

293. Aufgabe

Welche Aufgabe hat die Leber nicht?

1. Aufbau und Speicherung von Glycogen
2. Bildung von Fibrinogen und Prothrombin
3. Bildung von Harnstoff und Harnsäure
4. Bildung von Insulin
5. Abbau von Medikamenten und Alkohol

▶ ☐

294. Aufgabe

In welchem mit Ziffern gekennzeichneten Körperabschnitt der Abbildung tritt das Krankheitsbild Appendizitis auf?

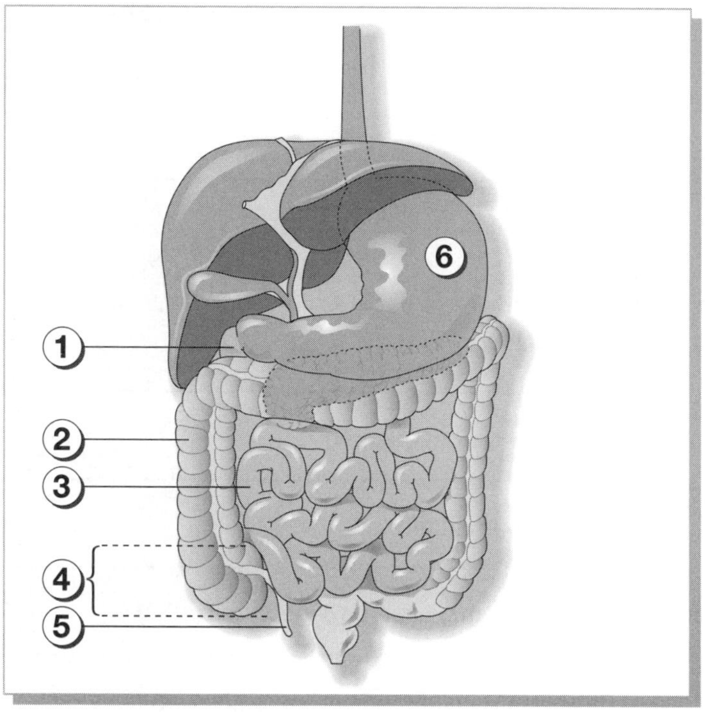

▶ ☐

295. Aufgabe

Wodurch entsteht das Krankheitsbild „Rachitis"?

1. Durch Vitamin-C-Mangel
2. Durch Vitamin-C-Überangebot
3. Durch Entzündungserreger
4. Durch Hormone
5. Durch Vitamin-D-Mangel
6. Durch Leukozytose

▶ ☐

296. Aufgabe

Welche Stoffe sondern endokrine Drüsen ab?

1. Hormone
2. Antikörper
3. Vitamine
4. Blutzucker
5. Harnpflichtige Stoffe
6. Giftige Stoffwechselprodukte

▶ ☐

297. Aufgabe

Welche der nachstehend genannten Erkrankungen sind durch Funktionsstörungen endokriner Drüsen bedingt?

1. Nephritis
2. Parotitis
3. Tetanie
4. Tetanus
5. Hyperthyreose
6. Rachitis

▶ ☐

▶ ☐

298. Aufgabe

Ordnen Sie richtig zu, indem Sie die Kennziffer des zutreffenden Hormons in das Kästchen beim entsprechenden Bildungsort eintragen.

1. Thyroxin
2. FSH (Follikel stimulierendes Hormon)
3. Östrogen
4. Insulin
5. Adrenalin
6. Cortison

Hypophysenvorderlappen	☐
Nebennierenrinde	☐
Schilddrüse	☐
Pankreas (Langerhannssche Inselzellen)	☐

299. Aufgabe

Welches Organ ist eine Drüse innerer Sekretion (endokrine Drüse)? Wählen Sie die richtige Kombination aus.

a) Leber
b) Herz
c) Hypophyse
d) Schilddrüse
e) Milz

Kombination:

1. a – b– e
2. a – d
3. b – e
4. c – d – e
5. c – d

▶ ☐

300. Aufgabe

Welche der folgenden Hormondrüsen steuert die übrigen Drüsen mit innerer Sekretion?

1. Hirnanhangdrüse (Hypophyse)
2. Zirbeldrüse
3. Schilddrüse
4. Nebenschilddrüse
5. Nebenniere

▶ ☐

301. Aufgabe

Einen Kropf bezeichnet man als:

1. Struma
2. Hyperthyreose
3. M. Basedow
4. Myxödem
5. „Heißer Knoten"

▶ ☐

302. Aufgabe

Ordnen Sie richtig zu, indem Sie die Kennziffer des zutreffenden Hormons in das entsprechende Kästchen bei den angeführten Aufgaben eintragen.

1. STH
2. Parathormon
3. Thyroxin
4. Glukagon
5. Adrenalin
6. Kortison
7. Progesteron
8. Insulin

Senkt den Blutzuckerspiegel	☐
Hebt den Blutdruck	☐
Wirkt entzündungshemmend	☐
Beeinflusst den Kalziumblutspiegel	☐

303. Aufgabe

An welches Krankheitsbild ist zu denken, wenn der Patient klagt über:

Viel Durst, allgemeine Erschöpfung, Hautjucken, schlecht heilende Wunden.

Es müssen nicht immer alle Symptome gleichzeitig vorhanden sein.

1. An eine akute Entzündung
2. An eine allergische Erkrankung
3. An eine Hyperthyreose
4. An eine chronische Entzündung
5. An eine Zuckerkrankheit
6. An eine Geschwulstkrankheit

▶ ☐

304. Aufgabe

Was versteht man unter „Hyperthyreose"?

1. Eine Blutdruckerhöhung
2. Eine Blutdruckerniedrigung
3. Ein Myxödem
4. Eine Schilddrüsenunterfunktion
5. Eine Schilddrüsenüberfunktion
6. Ein erhöhter Harnsäurespiegel

▶ ☐

305. Aufgabe

Zu welcher Komplikation kann es bei Vitamin-K-Mangel kommen?

1. Nachtblindheit
2. Rachitis
3. Neurologische Störungen
4. Hauterkrankungen
5. Verzögerung der Blutgerinnung

306. Aufgabe

Was versteht man unter Diarrhoe?

1. Ausfluss aus der Scheide
2. Schnupfen
3. Übermäßiges Schwitzen
4. Durchfall
5. Erbrechen
6. Herzstillstand

307. Aufgabe

Welcher Fachausdruck passt zum Begriff Body-Mass-Index (BMI)?

1. Gravidität
2. Miktion
3. Myopie
4. Adipositas
5. Katarakt

308. Aufgabe

Was versteht man unter Obstipation?

309. Aufgabe

Ordnen Sie die medizinischen Untersuchungsgeräte den zu untersuchenden Organen zu, indem Sie die jeweilige Kennziffer in die entsprechenden Kästchen eintragen.

Medizinische Untersuchungsgeräte

1. Rektoskop
2. Ophthalmoskop
3. Gastroskop
4. Otoskop
5. Kolposkop
6. Zystoskop

Zu untersuchende Organe	
Augen	
Harnblase	
Ohren	
Magen	
Scheide	
Mastdarm	

310. Aufgabe

Welche Geräte benutzt man zur Spiegelung…

a. … des Magens? ______

b. … des Enddarms? ______

c. … eines Gelenks? ______

311. Aufgabe

Bei der Ultraschalluntersuchung darf sich zwischen Schallkopf und Haut keine Luft befinden. Durch welches Hilfsmittel wird das erreicht?

______

312. Aufgabe

Bei einem Patienten ist eine Rektoskopie vorgesehen. Nennen Sie zwei Lagerungsmöglichkeiten, die infrage kommen.

a. ______

b. ______

313. Aufgabe

Bei einem Patienten mit bekanntem insulinpflichtigen Diabetes führen Sie einen Urinschnelltest durch. Die Testfelder für Glukose und Keton sind jeweils positiv. Welche Aussage trifft zu?

1. Da eine Hypoglykämie nicht ausgeschlossen werden kann, sollte der Patient rasch Traubenzucker zu sich nehmen.
2. Die Zuckerkrankheit ist unter der Insulingabe gut eingestellt.
3. Der Patient hat in den vorhergehenden Tagen zu wenig gegessen oder sich zu viel bewegt.
4. Es liegt ein ernährungsbedingter Proteinmangel vor.
5. Der Glukosespiegel im Blut liegt über 180 mg/dl und muss besser eingestellt werden.

▶ ☐

314. Aufgabe

Für welche Krankheit ist der Ikterus ein Symptom?

1. Hepatitis
2. Gastritis
3. Pakreatitis
4. Gallenwegsverschluss
5. Appendizitis

▶ ☐

▶ ☐

315. Aufgabe

Was bezeichnet man mit Peritonitis?

1. Eine Bauchfellentzündung
2. Einen Darmverschluss
3. Eine Verstopfung
4. Eine Unterfunktion der Bauchspeicheldrüse
5. Einen gutartigen Tumor

▶ ☐

316. Aufgabe

Was versteht man unter den folgenden Begriffen?

Cholelithiasis: ______

Ileus: ______

Anus praeter: ______

317. Aufgabe

Nennen Sie einen Antagonisten des Insulins.

______

318. Aufgabe

Wie viele Kilokalorien enthält 1 g Fett?

______

319. Aufgabe

Welche Aussage trifft <u>nicht</u> zu?

1. Der HbA1c ermöglicht die Beurteilung der Diabeteseinstellung in den vergangenen Wochen.
2. Unter einer postprandialen Blutzuckermessung versteht man die Messung nach einer Mahlzeit.
3. Vor der Durchführung eines oralen Glukosetoleranztests muss der Patient nüchtern sein.
4. Während der Durchführung des Glukosetoleranztests soll sich der Patient körperlich betätigen.
5. Bei der trockenchemischen Bestimmung der Glukose ist die Richtlinie der Bundesärztekammer (RiLiBÄK) zur Qualitätssicherung zu beachten.

▶ ☐

Lernfeld 10: Patienten bei kleinen chirurgischen Behandlungen begleiten und Wunden versorgen

320. Aufgabe

Welche Ziffer der Abbildung bezeichnet die Epidermis?

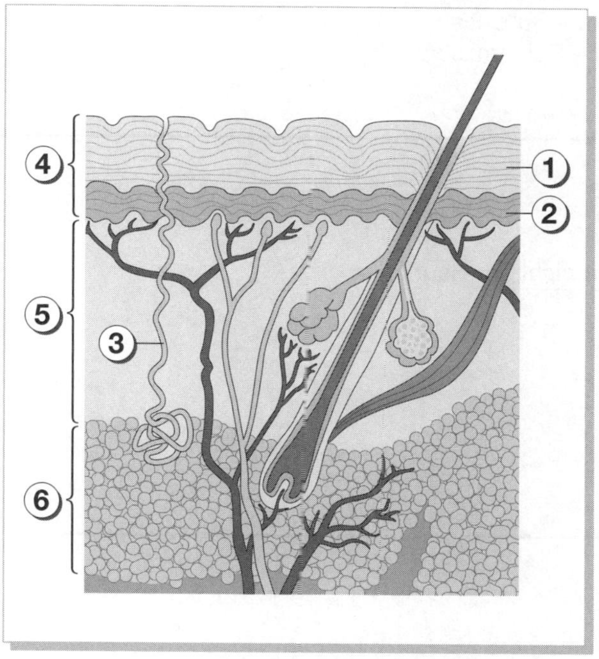

---

321. Aufgabe

Welche Schichten bilden die Oberhaut (Epidermis)?

1. Hornschicht
2. Lederhaut
3. Unterhaut
4. Keimschicht
5. Aderhaut

---

322. Aufgabe

Welche der folgenden Aussagen sind zutreffend? Wählen Sie die richtige Kombination aus.

a) Die Pigmentzellen der Haut enthalten Melanin.
b) Jedes Haar besitzt eine Haarbalgdrüse und einen Haarbalgmuskel.
c) Die Hautsinnesorgane befinden sich in der Unterhaut.
d) Die Lederhaut besteht aus einem bindegewebigen Fasernetz.
e) Als Nagelplatte bezeichnet man den in der Nageltasche verborgenen Teil eines Nagel.

Kombination:

1. a – b – d
2. a – c – e
3. b – c – e
4. c – d – e
5. c – e

323. Aufgabe

In welcher Reihenfolge von außen nach innen folgen die Schichten der Haut?

1. Epidermis – Subcutis – Corium
2. Epidermis – Corium – Subcutis
3. Corium – Subcutis – Epidermis
4. Corium – Epidermis – Subcutis
5. Subcutis – Corium – Epidermis

▶ ☐

324. Aufgabe

Welcher Begriff gehört nicht zur Haut?

1. Epidermis
2. Ekzem
3. Psoriasis
4. Corium
5. Cornea

▶ ☐

325. Aufgabe

Wo liegen die Schweißdrüsen?

1. Zwischen Muskulatur und Knochen
2. In der Oberhaut
3. In der Magenschleimhaut
4. In der Lederhaut
5. In der Unterhaut

▶ ☐

326. Aufgabe

Welche Aussage zur Zunge trifft nicht zu?

1. Sie besteht zum Großteil aus Muskulatur.
2. Sie spielt eine wichtige Rolle bei der Sprachbildung.
3. An der Spitze wir der Geschmack „süß“ wahrgenommen.
4. Sie hilft bei der Durchmischung der Nahrung mit Speichel.
5. Sie verschließt beim Schlucken den Zugang zum Kehlkopf.

▶ ☐

327. Aufgabe

In welchem Teil des Ohres befinden sich die Gehörknöchelchen?

1. In der Paukenhöhle
2. In der Schnecke
3. In den Bogengängen
4. Im Außenohr
5. In der eustachischen Röhre
6. Im Warzenfortsatz

▶ ☐

328. Aufgabe

In welchem Teil der folgenden Abbildung ist das Gleichgewichtsorgan untergebracht?

Tragen Sie die entsprechende Ziffer in das Lösungskästchen ein.

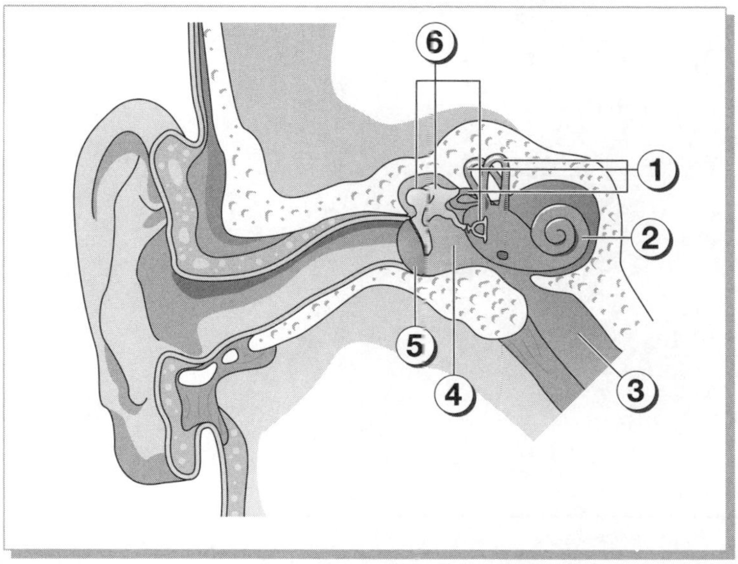

▶ ☐

---

329. Aufgabe

Wie heißt das Fachwort für Mittelohrentzündung?

---

330. Aufgabe

Wie heißt der Verbindungsgang zwischen Mittelohr und Rachen?

1. Eustachische Röhre (Ohrtrompete)
2. Ductus choledochus
3. Innerer Gehörgang
4. Ovales Fenster
5. Äußerer Gehörgang
6. Pharynx

▶ ☐

---

331. Aufgabe

Was bezeichnet der Begriff „Cerumen“?

1. Liquorflüssigkeit
2. Ohrschmalzpfropf
3. Absonderung des Mittelohres
4. Ausfluss bei Conjunctivitis
5. Nasensekret

▶ ☐

---

332. Aufgabe

Welche Aussagen treffen für die Audiometrie zu? Wählen Sie b tte die richtige Kombination.

a) Messung des Hörvermögens eines Probanden
b) Ermittlung der Sehkraft eines Probanden
c) Messungen für verschiedene Frequenzen
d) Messungen bei verschiedenen Lautstärken
e) Normalwerte vom Alter abhängig

Kombination:

1. a – c – d
2. a – c – d – e
3. b – c
4. b – c – e
5. c – d – e

▶ ☐

---

333. Aufgabe

Um welche Spritze handelt es sich in der Abbildung?

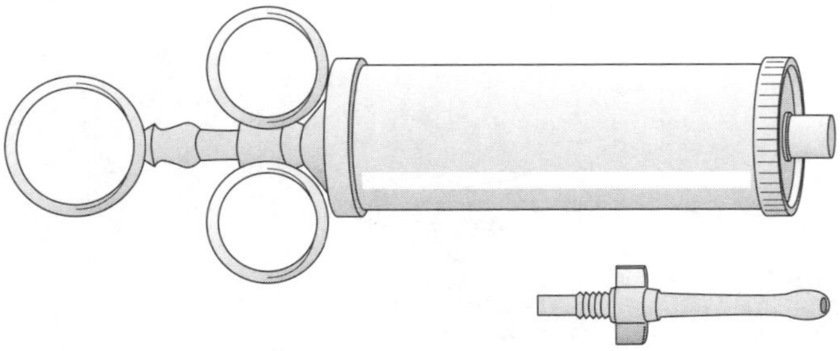

1. Insulinspritze
2. Ohrenspritze
3. Rekordspritze
4. Tuberkulinspritze
5. Einmalspritze

▶ ☐

---

334. Aufgabe

An welcher Stelle liegt die Netzhaut?

1. Zwischen Hornhaut und Linse
2. Hinter der Aderhaut
3. Zwischen Linse und Pupille
4. Zwischen Glaskörper und Aderhaut
5. Zwischen Aderhaut und Bindehaut
6. Zwischen Aderhaut und Sehnerv

▶ ☐

---

335. Aufgabe

Welches der angeführten Instrumente dient zur Inspektion des Gehörganges und des Trommelfells?

1. Laryngoskop
2. Kolposkop
3. Opthalmoskop
4. Gastroskop
5. Pullitzerballon
6. Otoskop

▶ ☐

---

336. Aufgabe

Welche Ziffer der Abbildung bezeichnet den Teil des Auges, der bei der Erkrankung „Grauer Star“ eingetrübt ist?

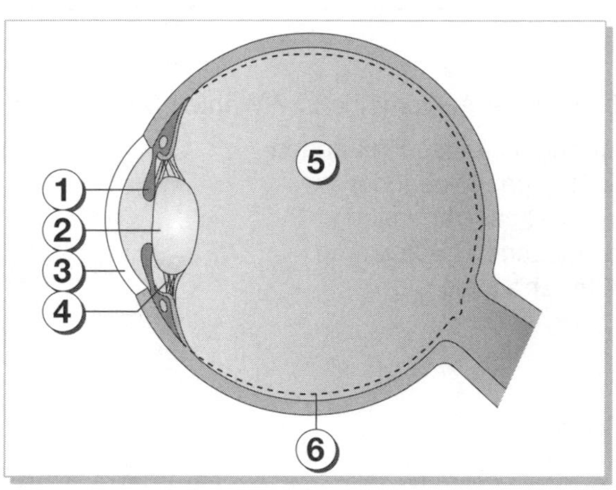

▶ ☐

---

337. Aufgabe

Zur Entfernung eines Fremdkörpers wird ein Anästhetikum in den Bindehautsack eingeträufelt. Um welche Form der Anästhesie handelt es sich dabei?

1. Oberflächenanästhesie
2. Leitungsanästhesie
3. Infiltrationsanästhesie
4. Spinalanästhesie
5. Inhalationsanästhesie

▶ ☐

338. Aufgabe

In welcher Schicht des Auges liegen Stäbchen und Zapfen?

1. In der Regenbogenhaut
2. In der Netzhaut (Retina)
3. In der Hornhaut (Cornea)
4. In der Pupille
5. In der Aderhaut (Chorioidea)
6. Im Glaskörper

▶ ☐

339. Aufgabe

Ordnen Sie richtig zu, indem Sie die zutreffende Kennziffer der Fachbezeichnung in das entsprechende Kästchen bei der deutschen Erklärung eintragen.

1. Myopie
2. Hyperopie
3. Astigmatismus
4. Glaukom
5. Strabismus
6. Blepharitis

Kurzsichtigkeit	☐
Verkrümmung der Hornhaut	☐
Erhöhung des Augeninnendrucks	☐
Schielen	☐

340. Aufgabe

Welche Erkrankung soll bei einer Messung des Augeninnendrucks erkannt werden?

341. Aufgabe

Wie heißt das Fachwort für eine eitrige Entzündung an den Fingern?

1. Appendizitis
2. Sepsis
3. Panaritium
4. Karbunkel
5. Lymphadenitis
6. Lymphangitis

▶ ☐

---

342. Aufgabe

Was versteht man unter einer Sepsis?

1. Verkrümmung der Nasenscheidewand
2. Steriler Zustand eines Gegenstandes
3. Eiterbildung in einem umschriebenen Gewebebezirk
4. Sensibilitätsausfall nach Nervendurchtrennung
5. Einbrechen von Krankheitserregern in die Blutbahn

▶ ☐

---

343. Aufgabe

Wie ist eine Verbrennung 2. Grades definiert?

1. Rötung
2. Rötung, Schwellung, Blasenbildung
3. Verkohlung des Gewebes
4. Nekrosen der Haut und tieferer Gewebeschichten
5. Rötung der Haut bei gleichzeitiger Schmerzempfindung

▶ ☐

---

344. Aufgabe

Ordnen Sie richtig zu, indem Sie die zutreffende Kennziffer der linken Spalte in das entsprechende Kästchen rechts eintragen.

Fachwort

1. Psoriasis
2. Scabies
3. Erysipel
4. Melanom
5. Fibrom
6. Basaliom

Deutsche Erklärung	
Streptokokkeninfektion der Haut	☐
Gutartiger Tumor des Bindegewebes	☐
Hauterkrankung durch Milben	☐
schwarzer Hautkrebs	☐

---

345. Aufgabe

Welche Tätigkeit übt der Logopäde aus?

1. Übungsbehandlung im Rahmen der orthopädischen Rehabilitation
2. Übungsbehandlung bei Stimm- und Sprachstörungen
3. Assistenz in der medizinischen Datenverarbeitung
4. Hilfstätigkeit in der physikalischen Therapie
5. Beratung in Fragen der Resozialisierung von jugendlichen Straftätern

▶ ☐

---

346. Aufgabe

Bei welchem Instrument handelt es sich um eine Tuchklemme?

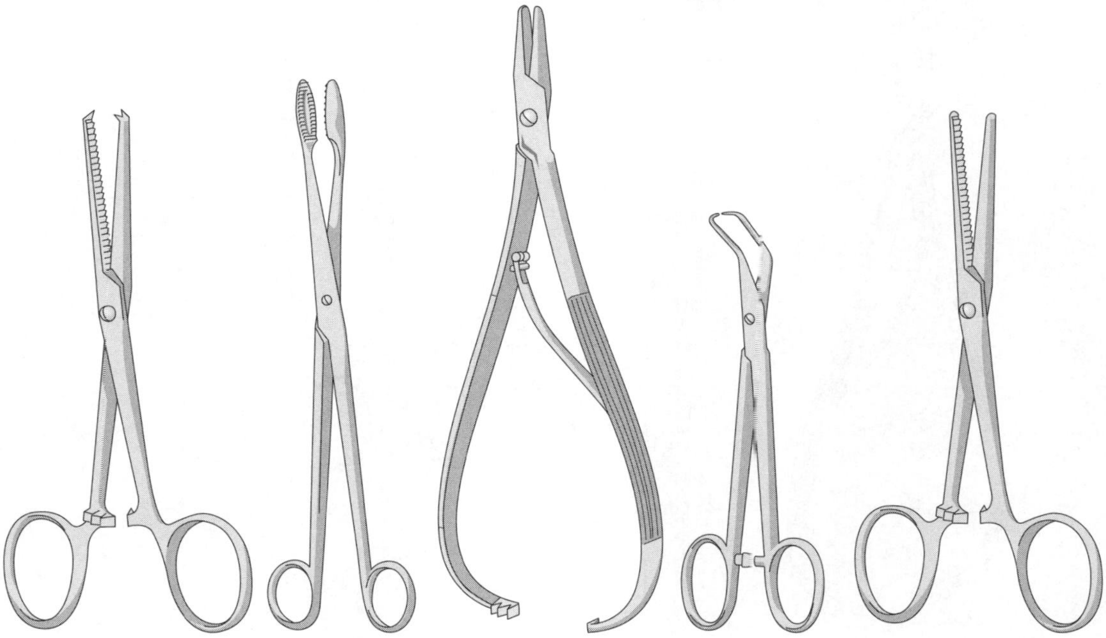

Tragen Sie die zutreffende Ziffer in das Kästchen ein.

► ☐

---

347. Aufgabe

Wie heißt das abgebildete Instrument?

1. Tuchklemme
2. Klammerpinzette
3. Scharfe Klemme
4. Kiefersperrer
5. Darmklemme
6. Zungenfasszange

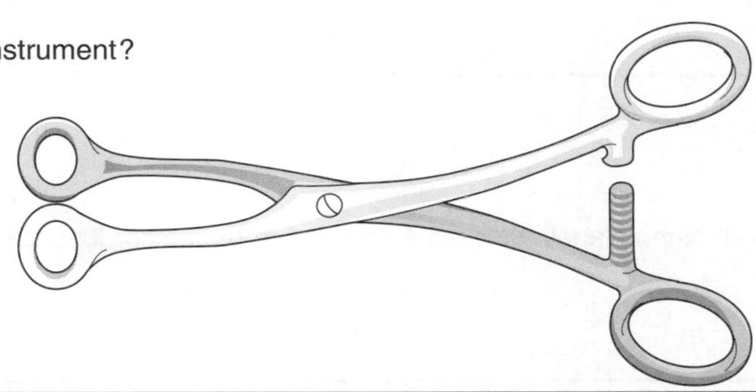

► ☐

---

348. Aufgabe

Wie heißt das abgebildete Instrument?

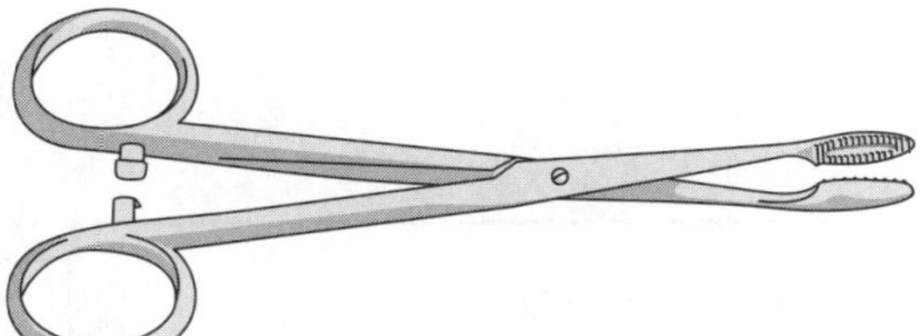

1. Knochenfasszange
2. Klammerpinzette
3. Nadelhalter
4. Ohrpinzette
5. Splitterpinzette
6. Kornzange

► ☐

Abbildung zur 64. und 65. Aufgabe

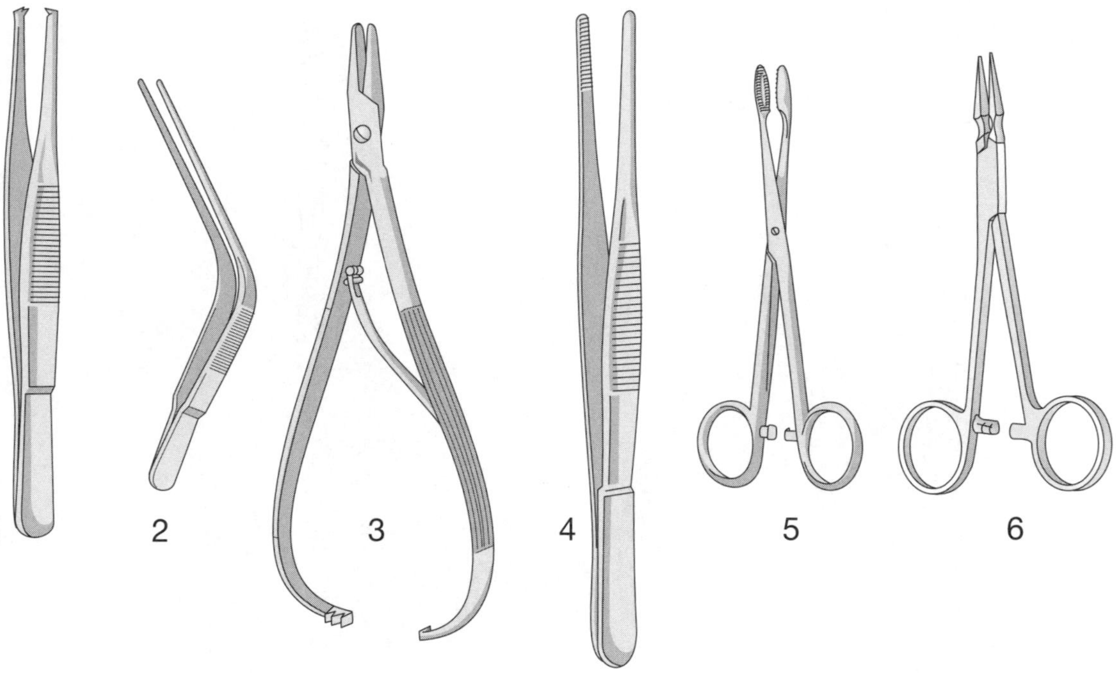

349. Aufgabe

Welche der Abbildungen stellt eine Ohrpinzette dar? Tragen Sie die entsprechende Kennziffer in das Kästchen ein!

▶ ☐

350. Aufgabe

Welche der Abbildungen stellt einen Nadelhalter dar? Tragen Sie die entsprechende Kennziffer in das Kästchen ein!

▶ ☐

351. Aufgabe

Ordnen Sie zu, indem Sie die Kennziffern von 3 der insgesamt 5 Instrumente in die Kästchen bei den Funktionen eintragen.

Instrument

1. Klammerpinzette
2. Scharfer Löffel
3. Lanzettförmiges Skalpell
4. Spekulum
5. Knopfsonde

Funktion

Ausräumen einer Abszesshöhle	☐
Stichinzision	☐
Austasten von Fistelgängen	☐

352. Aufgabe

Welches Instrument stellt die folgende Abbildung dar?

1. Chirurgische Pinzette
2. Splitterzange
3. Stumpfe Pinzette
4. Anatomische Pinzette
5. Klammerpinzette
6. Kocherklemme

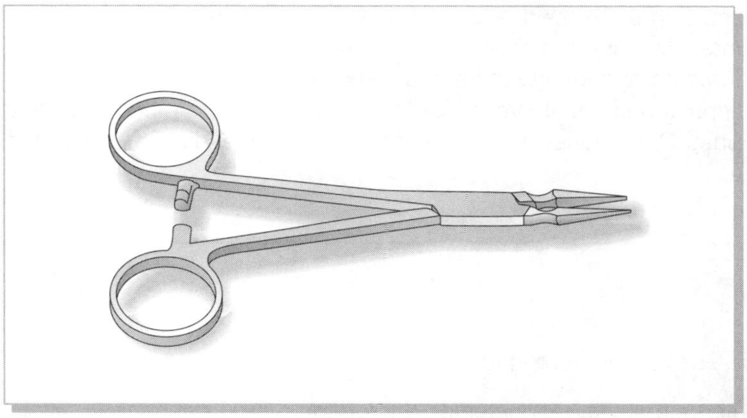

▶ ☐

353. Aufgabe

Wie heißt das abgebildete Instrument?

1. Tuchklemme
2. Scharfe Klemme (Kocherklemme)
3. Wundspreizer
4. Kornzange
5. Tupferklemme
6. Nadelhalter

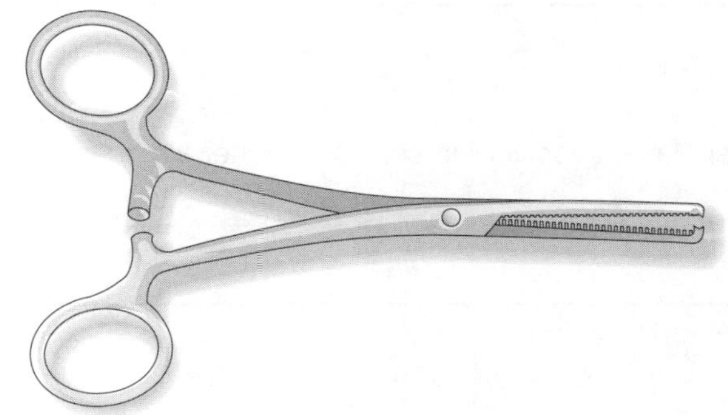

▶ ☐

354. Aufgabe

Was versteht man unter einer Leitungsanästhesie?

1. Die Umspritzung des Operationsfeldes mit einem Betäubungsmittel
2. Eine Intubationsnarkose
3. Eine intravenöse Narkose unter Leitung eines Anästhesisten
4. Die Verabfolgung eines Lokalanästhetikums aus einer Sprayflasche
5. Das Umspritzen einer Nervenbahn mit einem Lokalanästhetikum
6. Anwendung eines Lokalanästhetikums beim Quaddeln

▶ ☐

355. Aufgabe

Welche Aussagen zur Tetanusimpfung treffen nicht zu?

1. Bei kleinen Wunden ist eine Tetanusimpfung nicht erforderlich.
2. Liegt kein Impfschutz vor, so ist bei Verletzungen eine Simultanimpfung gegen Tetanus nötig.
3. Ca. 1 Monat nach Erstimpfung folgt die zweite aktive Impfung gegen Tetanus.
4. Ca. 1 Jahr nach Erstimpfung folgt die dritte Impfung.
5. Die passive Tetanusimpfung erfolgt intravenös.

▶ ☐

▶ ☐

356. Aufgabe

Was versteht man unter Infiltrationsanästhesie?

1. Anästhesieverfahren mit niederfrequenten Wechselströmen
2. Anästhesie unter Verwendung eines Inhalationsnarkosegerätes
3. Anästhesie durch intravenöse Gabe eines Narkotikums
4. Gezieltes Umspritzen eines Nerven oder Nervengeflechtes mit einem Lokalanästhetikum
5. Umspritzen eines Operations- oder Wundfeldes, um in diesem Bereich Schmerzfreiheit zu erreichen

▶ ☐

---

357. Aufgabe

Welche Aussage zur Wundversorgung trifft nicht zu?

1. Die Desinfektion eines Operationsfeldes erfolgt von außen nach innen.
2. Die Oberstsche Leitungsanästhesie findet an Fingern und Zehen Verwendung.
3. Die Naht von tiefen Gewebeschichten wird mit resorbierbarem Nahtmaterial durchgeführt.
4. Verläuft die Wundheilung ohne Komplikationen, spricht man von „primärer Wundheilung“.
5. Fäden im Gesichtsbereich können nach fünf bis sieben Tagen entfernt werden.

▶ ☐

---

358. Aufgabe

Warum muss der Patient vor der Durchführung einer Kurznarkose nüchtern sein?

---

359. Aufgabe

Welche Anforderungen sind an eine Wundauflage zu stellen (Zustand nach Versorgung einer Schnittwunde)? Wählen Sie bitte die richtige Kombination.

a) Saugfähigkeit
b) Luftdurchlässigkeit
c) Keine Verklebung mit der Wunde
d) Sterilität
e) Bakterizide Wirkung

Kombination:

1. a – b – c – d
2. a – c – c – d – e
3. b – c – d
4. b – c – d – e
5. c – d – e

▶ ☐

---

360. Aufgabe

Was versteht man unter einem Schlauchverband?

1. Allgemeiner Ausdruck für Verbände an Extremitäten
2. Verband unter Verwendung eines rundgestrickten elastischen Schlauches häufig unter Verwendung eines Applikators
3. Dreieckstuchverband bei Kniegelenksverletzungen
4. Verband unter Verwendung aufblasbarer Schienen
5. Verband aus Epoxidharz

▶ ☐

---

361. Aufgabe

Ordnen Sie richtig zu, indem Sie die Kennziffern der zutreffenden therapeutischen Maßnahmen in die entsprechenden Kästchen bei den Erkrankungen eintragen.

1. Druckverband
2. Kompressionsverband
3. Gips bzw. Kunststoffverband
4. Klammerpflaster
5. Schildkrötenverband

Varicosis	☐
Arterielle Blutung	☐
Radiusfraktur	☐

362. Aufgabe

Welche Anforderungen sind an eine Wundauflage zu stellen?

a. ______

b. ______

c. ______

363. Aufgabe

Nennen Sie zwei Indikationen für einen Zinkleimverband.

a. ______

b. ______

Lernfeld 11: Patienten bei der Prävention begleiten

364. Aufgabe

Was besagt der Begriff Prävention?

1. Vorbeugende Gesundheitspflege
2. Überbegriff für Schwangerschaftsverhütung
3. Erhebung der Krankheitsvorgeschichte
4. Wiedereingliederung (berufliche und soziale)
5. Einleitung eines Rentenverfahrens

▶ ☐

---

365. Aufgabe

Welche der angeführten Maßnahmen zählt <u>nicht</u> zu den präventiven Maßnahmen?

1. Kindervorsorgeuntersuchungen
2. Behandlung eines Arbeitsunfallverletzten
3. Krebsvorsorge bei Männern
4. Mutterschaftsvorsorge
5. Gesundheitsuntersuchung
6. Arbeitsmedizinische Untersuchung

▶ ☐

---

366. Aufgabe

Ein Beschäftigter in einem Industriebetrieb wird durch einen Betriebsunfall berufsunfähig. Welche Institution ist erstrangig für die berufliche Rehabilitation zuständig?

1. Die Krankenkasse des Betroffenen
2. Die gesetzliche Unfallversicherung
3. Der Betrieb
4. Das Gesundheitsamt
5. Das Versorgungsamt

▶ ☐

---

367. Aufgabe

Zu den Leistungen der gesetzlichen Krankenkassen zählen auch präventive Maßnahmen. Welche Maßnahmen gehören <u>nicht</u> dazu?

1. Krebsvorsorge Männer und Frauen
2. Jugendarbeitsschutzuntersuchungen
3. Mutterschaftsvorsorgeuntersuchungen
4. Impfungen gegen Kinderkrankheiten
5. Arbeitsmedizinische Untersuchungen

▶ ☐

▶ ☐

---

368. Aufgabe

Welche Aussage trifft nicht zu?

1. Eine gesunde Lebensweise zählt zur primären Prävention.
2. Maßnahmen der Wiedereingliederung nennt man Rehabilitation.
3. Schutzimpfungen zählen zur sekundären Prävention.
4. Die Erstuntersuchung nach dem Jugendarbeitsschutzgesetz darf höchstens 14 Monate vor Beginn der beruflichen Ausbildung erfolgt sein.
5. Nachsorgeprogramme im Rahmen einer Krebstherapie gehören zur tertiären Prävention.

▶ ☐

---

369. Aufgabe

Im Rahmen der Krebsvorsorgeuntersuchung soll bei einem Mann eine rektale Untersuchung durchgeführt werden. Was stellen Sie bereit? Wählen Sie bitte die richtige Kombination aus.

a) Sterile Tupfer
b) Zellstoff
c) Gummihandschuhe
d) Fingerling
e) Anatomische Pinzette
f) Vaseline

Kombination:

1. a – c – d
2. a – c – d – f
3. b – c – d
4. b – c – d – e
5. b – c – d – f

▶ ☐

---

370. Aufgabe

Welche Aussage zur Krebsfrüherkennung beim Mann trifft zu?

1. Ein erstmaliger Anspruch besteht ab dem Alter von 40 Jahren.
2. Ab dem 60. Lebensjahr besteht ein Anspruch auf eine präventive Koloskopie.
3. Eine zweite präventive Koloskopie ist in den folgenden fünf Jahren vorgesehen.
4. Durch eine Sputumkontrolle soll rechtzeitig ein Bronchialkarzinom erfasst werden.
5. In der Zeit zwischen 50 und 55 Jahren ist jährlich eine Untersuchung auf okkultes Blut im Stuhl vorgesehen.

▶ ☐

---

371. Aufgabe

Bestimmte Laborwerte ermöglichen Aussagen über die Erkrankung eines Organs. Ordnen Sie den angeführten Laborwerten das zugehörige Organ zu.

Organ

1. Leber
2. Schilddrüse
3. Prostata
4. Niere

Laborwert	
GOT	☐
Kreatinin	☐
T_3, T_4	☐
γ-GT	☐
anti-HCV	☐
PSA	☐

---

372. Aufgabe

Welche Aussage zum Test auf okkultes Blut im Stuhl trifft nicht zu?

1. Der Patient erhält drei Testbriefchen mit je zwei Testfeldern.
2. Vor der Testdurchführung soll die Ernährung ballaststoffreich sein.
3. Zahnfleischbluten kann ein falsch positives Ergebnis erbringen.
4. Nur wenn alle sechs Testfelder eine Blaufärbung aufweisen, wird der Test als positiv gewertet.
5. Eine Überschreitung der Ablesezeit nach Auftropfen der Entwicklerreagenz auf das Testfeld kann zu falsch negativen Ergebnissen führen.

▶ ☐

Lernfeld 11

Lösungen

Lösungen zu den programmierten Aufgaben

Lernfeld 1

1. 4
2. 2, 3
3. 1, 4
4. 5
5. 4
6. 2
7. 2
8. 1, 2, 7, 3
9. 1
10. 2

Lernfeld 3

14. 2, 3, 5
15. 3
16. 6
17. 2, 3, 6, 5
18. 1
19. 3, 4
20. 3
21. 5
22. 3
24. 2
25. 4
27. 1
28. 2, 3
29. 4
30. 4
31. 5
32. 6
33. 4, 5, 2
34. 6
35. 2
36. 1
37. 5
38. 1, 1, 2, 3, 3
39. 2
40. 5
41. 2
42. 2
43. 4
44. 3
45. 3, 4, 2, 1, 2, 1
46. 3
47. 4, 5
48. 2
49. 4
50. 5
55. 5
56. 4
57. 1, 3, 4, 2
58. 5
59. 5
60. 4
61. 1, 4
62. 4
63. 1
64. 3, 5
65. 4, 6
66. 4

Lernfeld 4

70. 5
71. 5, 1, 2
72. 4, 6, 8, 7
73. 2
74. 6
75. 4, 5
76. 4, 1
77. 1
78. 4
79. 4
82. 1
83. 1, 4
84. 5
85. 5, 3, 6
87. 5
88. 1
89. 4
90. 4
91. 4
92. 3
93. 1
94. 4
95. 4
96. 3
97. 2
98. 5
99. 1, 2, 6
100. 3, 4
101. 1, 5, 2
102. 1
105. 1
106. 1
107. 3
108. 3
109. 1
110. 3
111. 5
114. 2
115. 1
116. 2, 5, 4
117. 1, 4, 2
118. 1
119. 3
120. 2
121. 5
122. 2
123. 5
124. 4
125. 3
126. 5
128. 3
129. 1, 2, 4
130. 2
131. 5
132. 1
135. 2
136. 6
137. 3, 2, 1
138. 5
139. 2, 4, 6, 7, 5
140. 3
141. 2
142. 3
145. 3
146. 4

Lernfeld 5

147. 3
148. 5
149. 1, 5, 4
151. 4
152. 3
153. 5
154. 5
155. 3, 6
156. 3, 2, 6, 4
157. 2
158. 2
159. 1
160. 4
161. 3
162. 3
163. 3
164. 4
165. 3
166. 1
167. 1
168. 5
169. 3
170. 3
171. 5
172. 1
174. 4
175. 1
176. 3
177. 3
178. 3
179. 3
180. 4
181. 5
182. 5
183. 2
184. 4
185. 1
186. 3
187. 3
189. 1, 6
190. 4
191. 4

192. 2
193. 4
194. 4
195. 3
196. 2
197. 4
198. 4, 1, 2
199. 4
200. 4
201. 1, 5, 6, 3
204. 5
205. 1, 2, 6, 3
206. 3
207. 2
209. 4,5,1
210. 5
211. 1
212. 3
213. 5
214. 5
215. 4
216. 1
217. 2
218. 4
219. 2

Lernfeld 8

223. 5
224. 1
225. 1, 4
226. 3, 4
227. 4
228. 5
229. 4
230. 1, 2, 4
231. 3
232. 1
233. 3
234. 4
237. 3
239. 5
240. 4
241. 2
242. 2
243. 4
244. 5
245. 2
246. 2
247. 3, 8, 5
248. 4
249. 3
250. 2
251. 2
252. 2
253. 4
254. 5
255. 2
256. 3
257. 2, 1, 4
258. 5
259. 1
260. 3
261. 6
262. 1
263. 4, 5
264. 5
265. 4
266. 4
267. 6
268. 4
272. 4
273. 4
274. 5
275. 2

Lernfeld 9

276. 5, 10, 16, 11
277. 2, 8, 13, 3
278. 6, 15, 9, 4
279. 1, 14, 7, 12
280. 3, 5
281. 5
282. 3, 6
283. 4
284. 5
285. 2
286. 2
287. 1
288. 4
289. 4
290. 6
291. 4
292. 6
293. 4
294. 5
295. 5
296. 1
297. 3, 5
298. 2, 6, 1, 4
299. 5
300. 1
301. 1
302. 8, 5, 6, 2
303. 5
304. 5
305. 5
306. 4
307. 4
309. 2, 6, 4, 3, 5, 1
313. 5
314. 1, 4
315. 1
319. 4

Lernfeld 10

320. 4
321. 1, 4
322. 1
323. 2
324. 5
325. 4
326. 5
327. 1
328. 1
330. 1
331. 2
332. 2
333. 2
334. 4
335. 6
336. 2
337. 1
338. 2
339. 1, 3, 4, 5
341. 3
342. 5
343. 2
344. 3, 5, 2, 4
345. 2
346. 4
347. 6
348. 6
349. 2
350. 3
351. 2, 3, 5
352. 2
353. 2
354. 5
355. 1, 5
356. 5
357. 1
359. 1
360. 2
361. 2, 1, 3

Lernfeld 11

364. 1
365. 2
366. 2
367. 2, 5
368. 3
369. 5
370. 5
371. 1, 4, 2, 1, 1, 3
372. 4

Lösungen zu den ungebundenen Aufgaben

Lernfeld 1

11. Aufgabe

Nennen Sie zwei therapeutisch-rehabilitative Berufe.

a. *Physiotherapeut/Physiotherapeutin*

b. *Logopäde/Logopädin*

12. Aufgabe

Nennen Sie zwei Tätigkeiten, die der Heilpraktiker im Gegensatz zum Arzt nicht ausüben darf.

a. *Verordnung von rezeptpflichtigen Medikamenten*

b. *Behandlung meldepflichtiger Infektionskrankheiten*

13. Aufgabe

Nennen Sie die drei Leistungsträger der medizinischen Rehabilitation.

a. *Gesetzliche Krankenversicherung*

b. *Gesetzliche Rentenversicherung*

c. *Gesetzliche Unfallversicherung*

Lernfeld 3

23. Aufgabe

Wie nennt man die Reduktionsteilung, die Ei- und Samenzellen durchführen?

Meiose

26. Aufgabe

Durch welche fünf Symptome ist eine Entzündung gekennzeichnet? Führen Sie die deutsche und lateinische Bezeichnung an.

a. *Rötung – rubor*

b. *Schwellung – tumor*

c. *Schmerz – dolor*

d. *Wärme – calor*

e. *eingeschränkte Funktion – functio laesa*

51. Aufgabe

Welches Sterilisationsgut darf im Normalfall nicht im Heißluftsterilisator sterilisiert werden?

a. *Verbandsmaterial*

b. *Textilien*

c. *Gummiwaren*

52. Aufgabe

Warum werden Instrumente nach Gebrauch zuerst desinfiziert?

Damit bei der anschließenden Reinigung eine Infektion des Personals vermieden wird

53. Aufgabe

Nennen Sie die beiden Verfahren zur Desinfektion der Hände und führen Sie die dafür benötigte ungefähre Zeitdauer an.

a. *Hygienische Händedesinfektion, ca. 1/2 Minute*

b. *Chirurgische Händedesinfektion, 5–10 Minuten*

54. Aufgabe

Nennen Sie zwei Arten von Sterilisatoren, die in der Arztpraxis gebräuchlich sind.

a. *Heißluftsterilisator*

b. *Autoklav*

67. Aufgabe

Führen Sie die deutsche Bezeichnung an.

a. *Poliomyelitis: Kinderlähmung*

b. *Influenza: Grippe*

c. *Zoster: Gürtelrose*

d. *Morbilli: Masern*

e. *Pertussis: Keuchhusten*

68. Aufgabe

Nennen Sie zwei virusverursachte Infektionskrankheiten, die durch ein Exanthem gekennzeichnet sind.

a. *Masern*

b. *Röteln*

---

69. Aufgabe

Nennen Sie drei Infektionskrankheiten, die durch Protozoen verursacht werden.

a. *Malaria*

b. *Toxoplasmose*

c. *Trichomonaden*

Lernfeld 4

80. Aufgabe

Wie heißt der Antagonist des musculus biceps? Für welche Bewegung im Ellbogengelenk ist er zuständig?

a. *Musculus triceps*

b. *Streckung*

---

81. Aufgabe

Welche Knochen bilden das Ellbogengelenk? Nennen Sie die Fachausdrücke!

Humerus, Radius, Ulna

---

86. Aufgabe

Nennen Sie die Fachausdrücke.

a. *Prellung: Kontusion*

b. *Verstauchung: Distorsion*

c. *Verrenkung: Luxation*

d. *Hüftgelenkabnutzung: Coxarthrose*

e. *Kniegelenkabnutzung: Gonarthrose*

f. *Knochenbruch: Fraktur*

---

103. Aufgabe

Welche fünf Symptome kennzeichnen eine Entzündung?

a. *Rötung*

b. *Schwellung*

c. *Schmerz*

d. *Wärme*

e. *eingeschränkte Funktion*

104. Aufgabe

Welche Merkmale weisen einen bösartigen Tumor aus?

a. *infiltrierendes, rasches Wachstum*

b. *nicht abgegrenzt*

c. *enthält atypische Zellen*

d. *Metastasenbildung*

112. Aufgabe

Welches Gerät ist zur Ermittlung der Strahlenbelastung für Das Personal im Kontrollbereich einer Röntgeneinrichtung vorgeschrieben?

Dosimeter

113. Aufgabe

Welches Material gewinnt man bei einer Beckenkammbiopsie?

Rotes Knochenmark

127. Aufgabe

In welcher Einheit wird die Frequenz angegeben?

Hertz

133. Aufgabe

Führen Sie zwei Kontraindikationen für eine Ultraschalltherapie an.

Implantate, Schwangerschaft

134. Aufgabe

Wie heißt das Therapieverfahren, bei dem mithilfe von Gleichstrom durch die unversehrte Haut hindurch Medikamente in das Gewebe eingebracht werden?

Iontophorese

143. Aufgabe

Welche Wirkung haben die angeführten Arzneimittel?

a. *Analgetica: Schmerzstillend*

b. *Sedativa: Beruhigend*

c. *Zytostatica: Vernichten Krebszellen*

d. *Laxantia: Abführend*

144. Aufgabe

Was versteht man unter parenteraler Applikation eines Medikamentes? Nennen Sie ein Beispiel.

a. *Zufuhr unter Umgehung des Magen-Darmtraktes*

b. *z.B. Injektion*

Lernfeld 5

150. Aufgabe

Von welchen Zellen des Immunsystems werden die Antikörper produziert?

Plasmazellen (B-Lymphozyten)

173. Aufgabe

Was versteht man unter Autonomie des Herzens?

Das Herz besitzt ein eigenes Erregungsbildungs- und Erregungsleitungssystem.

188. Aufgabe

Übersetzen Sie die Fachbegriffe.

a. *Herzinsuffizienz: Herzleistungsschwäche*

b. *Myocarditis: Herzmuskelentzündung*

c. *Bradycardie: Zu langsamer Herzschlag*

d. *Lymphadenitis: Lymphknotenentzündung*

202. Aufgabe

Wie nennt man die Luftmenge, die nach maximaler Einatmung maximal ausgeatmet werden kann?
Wie groß ist diese Luftmenge im Durchschnitt beim Erwachsenen (75 kg)?

a. *Vitalkapazität*

b. *ca. 4 500 ml*

203. Aufgabe

Übersetzen Sie die Fachausdrücke.

a. *Rhinitis: Schnupfen*

b. *Laryngitis: Kehlkopfentzündung*

c. *Pneumonie: Lungenentzündung*

d. *Pleuritis: Rippen- bzw. Lungenfellentzündung*

---

208. Aufgabe

Was versteht man unter einem gemischten Nerv?

Ein Nerv, der motorische und sensible Nervenfasern enthält.

---

220. Aufgabe

Wo lässt sich beim bewusstlosen Patienten am sichersten der Puls testen?

An der Halsschlagader (Carotis)

---

221. Aufgabe

Was versteht man unter Vitalfunktionen? Führen Sie die drei Beurteilungskriterien an.

Bewusstsein

Atmung

Kreislauf

---

222. Aufgabe

Wie heißen die sechs mit „W“ beginnenden Sätze des Notrufmeldeschemas? Setzten Sie den wichtigsten Satz an den Anfang und unterstreichen Sie ihn.

a. *Wo ist der Ort des Geschehens*

b. *Wer ruft an*

c. *Was ist passiert*

d. *Wie viele Betroffene*

e. *Wie ist das Bewusstsein*

f. *Warten auf Rückfragen*

Lernfeld 8

235. Aufgabe

Benennen Sie die Abbildung.

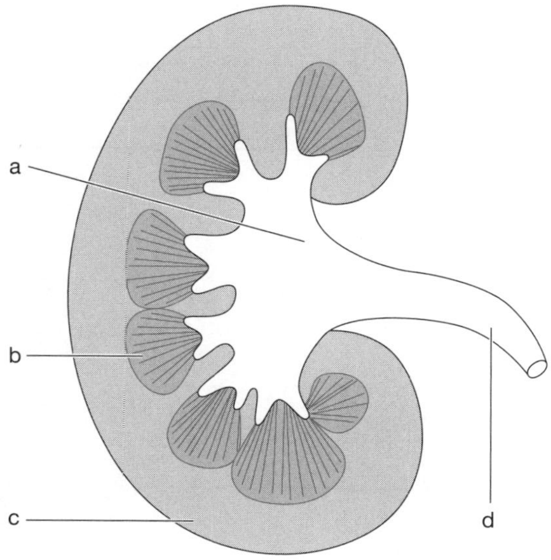

a. *Nierenbecken*

b. *Nierenmark (Pyramide)*

c. *Nierenrinde*

d. *Ureter*

---

236. Aufgabe

Übersetzen Sie die Fachausdrücke.

a. *Harninkontinenz: unwillkürlicher Harnabgang*

b. *Nykturie: nächtlicher Harndrang*

c. *Polyurie: Ausscheidung einer pathologisch hohen Urinmenge*

d. *Miktion: Wasserlassen*

---

238. Aufgabe

Ein Harn ist intensiv gelb bis bierbraun. Welcher Bestandteil ist vermutlich erhöht?

Bilirubin

---

269. Aufgabe

Welche Hormone werden im Eierstock gebildet?

a. *Östrogene*

b. *Gestagene (Progesteron)*

---

270. Aufgabe

In welche Stadien teilt man den Menstruationszyklus ein?

a. *Menstruationsphase*

b. *Proliferationsphase*

c. *Ovulation*

d. *Sekretionsphase*

271. Aufgabe

Was sind Hormone (Bildung, Transport, Wirkung)?

Von Hormondrüsen (endokrine Drüsen) in das Blut abgegebene Stoffe.

Sie erreichen über das Blutgefäßsystem bestimmte Zellen (Gewebe, Organe).

Diese Zellen werden zu bestimmten Leistungen angeregt bzw. in diesen gebremst.

Lernfeld 9

308. Aufgabe

Was versteht man unter Obstipation?

Verstopfung (Stuhl)

310. Aufgabe

Welche Geräte benutzt man zur Spiegelung...?

a. ... des Magens: *Gastroskop*

b. ... des Enddarms: *Rektoskop*

c. ... eines Gelenks: *Arthroskop*

311. Aufgabe

Bei der Ultraschalluntersuchung darf sich zwischen Schallkopf und Haut keine Luft befinden. Durch welches Hilfsmittel wird das erreicht?

Ultraschallgel

312. Aufgabe

Bei einem Patienten ist eine Rektoskopie vorgesehen. Nennen Sie zwei Lagerungsmöglichkeiten, die infrage kommen.

a. *Knie-Ellenbogen-Lage*

b. *Steinschnittlage (gyn. Stuhl)*

316. Aufgabe

Was versteht man unter den folgenden Begriffen?

Cholelithiasis: *Gallensteinerkrankung*

Ileus: *Darmverschluss*

Anus praeter: *Künstlicher Darmausgang*

317. Aufgabe

Nennen Sie einen Antagonisten des Insulins.

Glukagon

318. Aufgabe

Wie viele Kilokalorien enthält 1 g Fett?

9,3

Lernfeld 10

329. Aufgabe

Wie heißt das Fachwort für Mittelohrentzündung?

Otitis media

340. Aufgabe

Welche Erkrankung soll bei einer Messung des Augeninnendrucks erkannt werden?

Glaukom (Grüner Star)

358. Aufgabe

Warum muss der Patient vor der Durchführung einer Kurznarkose nüchtern sein?

Gefahr des Erstickens durch Erbrechen

362. Aufgabe

Welche Anforderungen sind an eine Wundauflage zu stellen?

a. *Sterilität*

b. *Darf nicht mit der Wunde verkleben*

c. *Luftdurchlässigkeit*

363. Aufgabe

Nennen Sie zwei Indikationen für einen Zinkleimverband.

a. *z. B. Varicosis*

b. *Ulcus Cruris*

Fälle zur Abrechnung

Fall 1

Dr. med. Peter Glück
Facharzt für Allgemeinmedizin

Herr Johann Weiß, 49 Jahre alt
Mitglied der AOK

18. 04.	Do.	Herr Weiß kommt hinkend in die Sprechstunde. Seit Tagen hat er starke Schmerzen, die in das rechte Bein ausstrahlen. Eine neurologische Untersuchung ergibt einen leichten Hinweis auf einen Bandscheibenvorfall. Überweisung an einen Radiologen zum CT Zur Linderung Wärmepackung, anschließend Reizstrom
22. 04.	Mo.	Das CT ergab einen akuten Bandscheibenvorfall bei L_3/L_4. Es muss operiert werden. Vorstationäre Untersuchung in der Praxis
24. 04.	Mi.	Herr Weiß auf Krücken in der Praxis Ausführliche Erörterung der geplanten Operation mt Risiken und anschließender Lebensveränderung Übergabe der grünen Tüte mit allen Befunden für die Klinik

Fall 2

19. 05.	So.	Monika H., 32 Jahre, ledig, Chefsekretärin, Raucherin Frau bittet am Sonntag gegen 23:00 Uhr um einen sofortigen Hausbesuch wegen Schmerzen in der Herzgegend und Übelkeit. Sofortiger Hausbesuch im Randbereich Befund: ängstliche, nervöse Patientin, befürchtet einen Infarkt Leicht erhöhte Pulsfrequenz, Blutdruck 140/90 Herztöne rein, rhythmische Aktion Ein EKG vor Ort zeigt keine Auffälligkeiten.
21. 05.	Di.	In der Praxis: Belastungs-EKG mithilfe eines Fahrrad-Ergometers. Auch hier keine Zeichen einer Mangeldurchblutung oder eines Infarktes Da über ein zeitweiliges Herzrasen geklagt wird, Anlage eines Langzeit-EKGs
23. 05.	Do.	Computergestützte Auswertung des Langzeit-EKGs
24. 05.	Fr.	Mitteilung des Untersuchungsergebnisses: Nervöse Herzbeschwerden Empfohlen wird eine Änderung der Lebensweise: gesunde Ernährung, leichter Laufsport, möglichst Verzicht auf Nikotin, Überplanung der Freizeit mit Ruhepausen und viel Aufenthalt in freier Natur. Der Hausarzt hat die Qualifikation zur Feststellung einer Psychosomatik.

Fall 3

Samstag, 16:00 Uhr am Baggersee:
Ein 12-jähriger Junge ist beim Baden plötzlich untergegangen.
Er wurde von einem Rettungsschwimmer geborgen.
Er war circa 10 Minuten unter Wasser.
Bewusstlos, keine Atmung feststellbar
Der Rettungsschwimmer fällt wegen totaler Erschöpfung aus.
Die Auszubildende (MFA) Beate ist gefordert: Die Erinnerung an den Erste-Hilfe-Unterricht und das ABC-Paket.

Maßnahmen:
1.) Fremdkörper in der Mundhöhle? Junge in Gesichtslage drehen.
Klappmesser. Das heißt breitbeinig stehend, an der Hüfte aufheben, so den Oberkörper in Schräglage bringen.
Wasser läuft aus dem Mund.
2.) Inspektion der Mundhöhle
3.) Badetasche unter die Schulterblätter, dadurch Überstreckung der HWS
4.) ABC-Paket

A = Atmung:	nicht feststellbar
B = Bewusstsein:	nicht vorhanden
C = Kreislauf:	schwacher Pulsschlag tastbar
P = Puls:	Pulswelle herstellen durch 15 Herzdruckmassagen
A = Atmung:	Sofort mit der Mund-Nasen-Beatmung beginnen (15 × Herzdruck, 2 × blasen) Maßnahme durchhalten, bis Hilfe kommt
K = kurze Botschaft:	Ein Badegast setzt mit seinem Handy einen Notruf mit genauer Ortsangabe ab.
E = Eigenwärme:	Badegäste decken den Jungen mit trockenen Textilien zu.
T = Trösten:	Entfällt

Der Notarzt trifft nach 20 Minuten ein und übernimmt die weitere Behandlung.

Am anderen Tag schaut die Medizinische Fachangestellte Beate in der Gebührenordnung nach.
Was hätte ihr Chef abrechnen können?

Fall 4

Dr. med. Peter Glück
Facharzt für Allgemeinmedizin

Herr Herbert Page
Mitglied der Barmer EKK

Dr. Glück ist heute für den Notfalldienst eingeteilt.
Herr Page kommt notfallmäßig in die Praxis, da sein Hausarzt nicht zu erreichen war.
Er schildert eine nächtliche rechtsseitige Harnleiterkolik.

Folgende Untersuchungen werden durchgeführt:
Urinuntersuchung auf Eiweiß, Zucker und Nitrit
Harnsediment
Harnsäure und Kreatinin mittels trägergebundener Reagenz
Sonografie der Blase und der Harnleiter + Nieren
Es zeigt sich ein festsitzendes Konkrement am Blaseneingang rechts und eine leicht gestaute Niere rechts.

Therapie: Spasmolytikabgaben, viel trinken und bewegen
Weiterbehandlung durch den Hausarzt
Ein ärztlicher Bericht über die Untersuchungsergebnisse wird mitgegeben.

Fall 5

Dr. med. Peter Glück
Facharzt für Allgemeinmedizin

Frau Martina Schön
Mitglied einer BKK (45 Jahre alt)

11. 09. Wegen starker Schmerzen (kolikartig) im rechten Oberbauch Hausbesuch (23:00 Uhr) Randbereich
Schmerzfreiheit nach intravenöser Injektion

15. 09. Frau Schön kommt zur weiteren Untersuchung in die Praxis.
Die Sonografie des Oberbauches zeigt eine mit Steinen gefüllte Gallenblase.
Es wird durchgeführt:
BKS in der eigenen Praxis
GOT, GPT, Gamma-GT, alkal. Phosphate durch Laborgemeinschaft

19. 09. Längere Beratung (mehr als 10 Min.)
Mitteilung der Laborwerte. Rat zur operativen Entfernung der Gallenblase. Koliken können sich wiederholen. Gefahr eines Leberschadens
Frau Schön will sich ihre Entscheidung zu einer Operation noch überlegen.

Fall 6

Dr. med. Peter Glück
Facharzt für Allgemeinmedizin

Herr Franz Schön, 56 Jahre
Mitglied Techniker EKK

Hausbesuch Samstag 10:00 Uhr, Kernbereich
Aus der Sprechstunde heraus

Bei Reparaturarbeiten an seinem Auto hat sich Herr Schön am rechten Zeigefinger und am rechten Mittelfinger geschnitten.
Er blutet stark und ist kollabiert.
Anlage eines Verbandes am rechten Zeigefinger, desgleichen am rechten Mittelfinger
Schocklagerung
Nach Stabilisierung des Kreislaufes weitere Versorgung in der Praxis
rechter Zeigefinger: Säuberung der Wunde, primäre Versorgung
rechter Mittelfinger: chirurgische Naht einer 3 cm langen, tiefen Schnittwunde in Lokalanästhesie
Tetanusprophylaxe

Fall 7

Dr. med. Peter Glück
Facharzt für Allgemeinmedizin

Herr Hans Braun, 68 Jahre alt
Mitglied der AOK

Herr Braun kommt zur Krebsvorsorge.
In der Anamnese gibt er gelegentliche Blutauflagerungen auf dem Stuhl an.
Tastbefund der Prostata und des Rektums sind ohne Befund.
Von den 3 Stuhlproben mittels Stuhlbriefchen auf okkultes Blut sind 2 Proben negativ, eine Probe zweifelhaft positiv.
Herr Braun soll auf Blutauflagerungen achten.
Weitere Kontrolle vorgesehen

14 Tage später. Herr Braun hat wieder Blutauflagerungen bemerkt.
Untersuchung der mitgebrachten Stuhlprobe auf okkultes Blut ist jetzt positiv.
Nach entsprechender Vorbereitung wird eine Prokto-Rektoskopie durchgeführt. Entdeckung und Entferung eines Darmpolypen

Lösungen zu den Fällen

Lösung zu Fall 1

18. 04.	03111	Hausärztliche Versichertenpauschale (6.–59. Lebensjahr)
	02510	Wärmepackung
	02511	Reizstrombehandlung
22. 04.	31012	Operationsvorbereitung (41.–60. Lebensjahr)
24. 04.		Leistung nicht abrechenbar, da mit der Pauschale abgegolten

Lösung zu Fall 2

19. 05.	03111	Hausärztliche Versichertenpauschale (6.–59. Lebensjahr)
	01412	Z2 Dringender Hausbesuch (tiefe Nacht, Randbereich)
21. 05.	03321	Belastungs-EKG
	03322	Langzeit-EKG
23. 05.	03241	Computergestützte Auswertung eines Langzeit-EKGs.
24. 05.	35110	Längeres Gespräch bei psychosomatischem Krankheitszustand

Lösung zu Fall 3

03111	Versichertenpauschale (6.–59. Lebensjahr)
01101	Unvorhergesehene Inanspruchnahme Samstag
01220	Reanimation

Lösung zu Fall 4

01210	Notfallpauschale im organisierten Notdienst
32030	Urin auf Eiweiß, Zucker und Nitrit
32031	Harnsediment
32064	Harnsäure
32125	Zuschlag für trägergebundene Reagenz
32066	Kreatinin
32125	Zuschlag für trägergebundene Reagenz
33043	Sonografie Blase, Harnleiter, Nieren
01600	Ärztlicher Bericht

Lösung zu Fall 5

11. 09.	03111	Hausärztliche Versichertenpauschale (6.–59. Lebensjahr)
	01412	Z2 Hausbesuch (tiefe Nacht)
15. 09.	32042	BKS
	32058	Bilirubin gesamt
	32069	GOT
32070	GPT	
32071	Gamma GT	
32068	alkal. Phosphatase	
33042	Sonografie Abdomen	
19. 09.	Nicht abrechenbar, da mit der Versicherungspauschale abgegolten	

Lösung zu Fall 6

03111	Hausärztliche Versichertenpauschale (6.–59. Lebensjahr)
01412	Z 1 Dringender Hausbesuch aus der Sprechstunde
02300	Primäre Wundversorgung
02301	Wundververversorgung mit Naht
89109	Tetanusprophylaxe

Lösung zu Fall 7

	Keine Versichertenpauschale, da nur Vorsorge
01731	Krebsvorsorge Männlich
01743	Untersuchung auf okkultes Blut im Stuhl 3 × im Rahmen der Krebsvorsorge

14 Tage später:

03112	Versichertenpauschale ab 60 Jahre, da jetzt Behandlungsfall!
32040	Untersuchung auf okkultes Blut im Stuhl bei einem Behandlungsfall
03331	Prokto-Rektoskopie
03332	Polypenentfernung

Stichwortverzeichnis